ちくま新書

不道徳的倫理学講義
——人生にとって運とは何か

古田徹也
Furuta Tetsuya

1409

不道徳的倫理学講義——人生にとって運とは何か

【目次】

はじめに

左のひとコマは、漫画『こち亀』の主人公・両さんが放った名言として、しばしば引き合いに出されるものだ。

この台詞は不道徳なものに思われるだろうか。すなわち、人生の重要な局面をギャンブルに喩《たと》える不真面目さや、将来を慎重に考慮しない軽薄さや無責任さ、運に頼って計画や努力を軽視するだらしなさといったものが表れているように思われるだろうか。実際、両さんは次のコマで、後輩の麗子と中川から、「そう思って無計画に生きてるのは両ちゃんだけよ」、「みんなはギャンブルと思ってませんよ」と、つれなくあしらわれている。

秋本治『こちら葛飾区亀有公園前派出所』第60巻

しかし、彼らの言ったことは本当だろうか。入試や就職や結婚などにギャンブル的な要素は一切ないと、皆が本当に思っているのだろうか。そうではないだろう。

「言われてみればそうだ」、「確かにそういう面はある」という風に感じる人が多いからこそ、この台詞は名言として扱われているはずだ。

我々の人生の道行きは、運に大きく左右されている。大学の受験勉強をどれだけ頑張っても、入試の当日に突然体調を崩してしまうかもしれない。必死に就活に打ち込み、遂に希望の企業に入れたとしても、配属先の上司とそりが合わず、強いストレスに苛《さいな》まれる日々になるかもしれない。何年も付き合った人と、慎重に検討した上で結婚に踏み切ったとしても、思いがけない出来事をきっかけに、修復しようもない溝が二人の間にできてしまうかもしれない。あるいは、入試も就活もうまくいき、結婚生活も問題なく、穏やかな日々を過ごしているとしても、ある日突然、事件や事故や災害などに巻き込まれ、これまでの生活が崩壊してしまうかもしれない。

そして、運は、そうした未来の不確かさだけでなく、いまの自分をかたちづくる過去にもかかわっている。裕福な家庭に生まれ、良質な教育を受けて、多様な進路を自由に選択できる環境にあった人もいれば、そもそものようなチャンスを与えられなかった人もいる。親の愛情に恵まれた人もいれば、酷い虐待を受けて育った人もいる。健康な身体をもった人もいれば、長く病に臥しがちな生活を余儀なくされてきた人もいる。それらはいずれも、いわゆる「自己責任」に帰すことができる事柄ではない。

このように、幸運や不運という要素が広範に織り込まれている世界は、我々が「そうであってほしい」と望み、「そうであるべきだ」と求める世界とは異なっているかに見える。我々の生きる世界では、幸運は称賛されるべきものではないし、不運は非難されるべきものではない。自由な意志と自律の精神を基に努力した者が報われるべきであり、怠惰な「運頼み」の者が分不相応な報酬を与えられるべきではない。善き心をもち、善き行いをする者こそが幸福になるべきであり、悪人が非難や罰を逃れるべきではない。――そうした調和や秩序、あるいは公正さというものを、世界に対して我々の多くが求めているように思われる。世界に対するこの種の要求は、心理学の分野では「公正世界仮説（just-world hypothesis）」と呼ばれているものだ。[1]

しかし、この道徳的な要求は、それ自体がときに不道徳的な機能を果たすことがある。たとえば、何か重大な事件や事故が起こったとき、加害者に対してだけではなく、運悪く巻き込まれたに過ぎない被害者に対しても、「あなたにも落ち度があったのではないか」

[1] この「公正世界仮説」を、心理学の研究者は基本的に認知バイアスの一形態として扱っている（Lerner, *The Belief in a Just World*）。

という指摘がなされる場合がある。痴漢に遭った人が「露出度の高い服を着ていたのではないか」と言われたり、盗難に遭った人が「注意が足りなかったのではないか」と言われるといった具合である。こうした傾向の背後には、誰かに悪い出来事が降りかかったとすれば、それは当人の行いが悪かったからだ、と解釈したい心理が働いている（村山・三浦「被害者非難と加害者の非人間化」）。そう解釈することができれば、「自業自得」「因果応報」という公正な秩序が行き渡った安定した世界観を維持できるからである。その代償として、被害者がまさにいわれのない非難に見舞われ、不道徳的な扱いを受けるにもかかわらず。

この皮肉な事態には、道徳をめぐる問題圏から運の要素を排除しようとすることの問題が如実に顕れていると言えるだろう。我々はいつの間にか、幸運や不運は道徳的な善さや悪さとは無関係だという見方を当たり前のこととして受容している。しかし、道徳的な行いや不道徳的な行いも含めて、我々の営む生活がひろく運の影響を免れないものであることも確かなのだ。

それでは、道徳をめぐって古来様々な議論を展開してきた倫理学は、道徳と運のこうした緊張関係についてどう扱ってきたのだろうか。また、その探究の先に、どのような展望が見えてくるのだろうか。本書は、古代から現代に至る倫理学の歴史に遺された、運にまつわる思考の痕跡を探っていく。本書の中心となる第Ⅱ部は、古代から近代までの議論を辿り、それを踏まえて第Ⅲ部は、現代の議論を追う。

こうした構成のため、本書は一風変わった倫理学の道案内となっている。というのも、道徳と運のいわば「食い合わせ」の悪さから、倫理学の紹介というものは一般的に、幸運や不運といった要素を背後に隠して、道徳的な世界の実現のためにどのような理論（功利主義、義務論、徳倫理など）がありうるのか、という内容を前面に押し出すかたちで組み立てられているからである。本書は、その後ろに回り込み、正統な倫理学史ではあまり案内されない裏通りにむしろ足繁く通うツアーとなる。倫理学の入門書や概説書がすでに数多く存在するなか、そこに新しく本書を加える意義があるとすれば、それはさしあたりこの点にあるだろう。

また、そのように倫理学史の裏通りに光を当てることは、古来の倫理学のあり方を――さらには、一般に広く受け入れられている道徳についての見解を――問い直すことにつながるはずである。本書は、その道筋において、道徳とその外部、理想と現実、人間一般とこの私、賢者と愚者、神と人間という対比を何度も照らし出していく。それは総じて、人間のあるべき生と、人間のあるがままの生の裂け目を見つめることであり、人間とはいかなる存在と言えるかについて、いまあらためて考えることでもある。とりわけ本書では、人間の偉大さとは何か、真摯な生き方とは何かという問題に焦点を当て、その意味を問うことになるだろう。

したがって本書は、まずもって、不道徳的な観点から倫理学史を辿る講義だと言える。すなわち、この世界には運が存在し、人生には「賭け（博打、ギャンブル）」の側面が避けがたく伴うという観点から、道徳や倫理をめぐる人間の思考の歴史を紐解こうとするものである。また、その試みはやがて、運の要素を受け入れて取り込む倫理学——言うなれば、不道徳的倫理学——とはどのようなものでありうるのかを素描する営みともなっていくだろう。

これから早速、以上の一連の消息を追っていくが、その前に、本書の体裁上の方針を簡単に解説しておこう。

本書の本文や註においてそのつど引用・参照している諸文献は、読者諸氏がそれぞれ本書をきっかけに個別の哲学者や分野についてより深く探究していく助けとなるよう、それに適していると思われる書籍ないし論文を多く選んでいる。

そして、その際には、姓と書名（論文名）のみ簡潔に記し、正確な書誌情報は巻末の文献表にまとめて掲載している。いまはインターネット上で検索して文献を探す方が多いと思われる。本書で紹介しているたいていの文献は、そのつど巻末の文献表に飛んで探さずとも、本文や註に記載している姓と書名（論文名）を検索すれば、すぐに見つけ出すことができるだろう。

それから、引用や参照の際に漢数字でページを示している場合（「五〇三頁」など）には、巻末の文献表に記した邦訳の該当ページを指示している。その場合以外は、本書内のページを指示するものを除いて、原典の該当箇所（節、行、ページほか）を指示している。

最後に、表記について。引用文中で傍点で強調してある箇所は、特にことわりがない限り、原著者自身がイタリック体等で強調している箇所である。また、ギリシア語の固有名の表記については、読みやすさを重視するために、母音の長短の区別を簡略化するなど、慣例的な片仮名表記を踏襲している。（「ソークラテース」ではなく「ソクラテス」、「ピュタゴラス」ではなく「ピタゴラス」など。）

ともあれ、これで、運と道徳の関係をめぐる探究へと漕ぎ出す準備が整った。最初の第Ⅰ部では、倫理学史へと進む準備として、本書の軸となる「運」という概念がそもそもどのようなものであるかを確認したうえで、次第に古代ギリシアの思想的展開へと接近していくことにしたい。

「運」という概念は、「運命」や「偶然」、あるいは「幸せ」、「幸い」といった概念と深く結びつきつつ、独自の意味合いを帯びている。これからまず行うのは、そうした概念同士の絡み合いの内実を明らかにする作業である。

第Ⅰ部

「運」の意味を探る

第1章　現代における「運」

1　日本語の「運」

†「運」の意味

運という概念にあらためて着目してみると、この概念には不思議な特徴と、複雑な奥行きがあることが分かる。たとえば、仕事や学業などでよい成績をあげて褒められたとき、我々は、「いやいや、運がよかっただけですよ」と謙遜することがある。この種の発言は、自分はたまたまよい成績をあげたのであって、自分に本来備わっているもの（知識、才能、性格、等々）や努力とは関係がない、という意味だろう。しかし、別の場面では我々は、「幸運の星の下に生まれた人」とか「強運の持ち主」という風に、まさに特定の人物に備わる安定した属性として運を語ることもある。これはいったいどういうことだろうか。

運という概念の内実を理解するための足掛かりとして、まず、日本語の言葉としての「運《うん》」について、その辞書的な意味を確認しておこう。[2]

「うん〔運〕」
①幸、不幸などをもたらし、状況を動かしていく、人の力ではどうすることもできない作用。巡り合わせ。運命。
②(特に、よい場合をいう)幸運。しあわせ。

漢字「運《うん》」の訓読みは、「はこぶ」「うつる」「めぐる」である。ここから、物事の運び、境遇の移り行き、世の中の巡り合わせといった意味合いが生じてくる。とりわけ、人の力ではどうすることもできない作用、人の意志やコントロールを超えた計り知れない働き、予期できない出来事といったものを、「運」という言葉は表現している。

［2］本項における「運」、「幸せ」、「幸い」という言葉の意味の説明は、『日本国語大辞典』(第二版、小学館)から引いている。また、漢字「運」の訓読みについては『字通』(平凡社)を、「幸福」という言葉の意味および歴史については、前掲の『日本国語大辞典』および『大辞林』(第三版、三省堂)を参照している。

†運と偶然

ただ、このことを表す言葉はほかにも存在する。「偶然」である。たとえば、なぜ事故に巻き込まれたかを聞かれたとき、「ただの運だよ」と答えることも、「ただの偶然だよ」と答えることもできる。こうした場合には、「運」と「偶然」は互いに置き換え可能な言葉だと言える。

しかし、「運」と「偶然」には大きな違いもある。たとえば、道端に落ちているものをよく見ると一円玉だったとき、我々は「偶然一円玉を見つけた」とは言うが、「運よく一円玉を見つけた」とはまず言わないだろう。他方で、落ちていたのが五百円玉だったのであれば、(それをくすねるつもりなら)「運よく五百円玉を見つけた」と言うのは奇妙ではない。これは、一円玉を手に入れることが重要であるケースはまずなく、よいとも悪いとも言えない一方で、五百円玉を手に入れることはそこそこ重要であり、おおよそよいケースだと言えるからだろう。つまり、「運」というのは出来事の重要性としばしば深く関係し、よいとか悪いといった価値を帯びうるが、「偶然」それ自体がそうした価値を帯びることはない、ということである。(たとえば我々は、「運がよい」とか「運が悪い」とは言うが、「偶然がよい」とか「偶然が悪い」とは言わない。)しかも、「運」はしばしばよい方のニュアンスを――つまり、幸運というポジティブなニュアンスを――含んでいる。たとえば「運がなかった」というのは、「幸運に恵まれなかった」ということを意味する。

また、「偶然」とはまさに、何の因果関係もなく、そのつど偶発的に出来事が生じるさまを指すが、「運」の場合には一定の継続性ないし傾向性が認められることも多い。たとえば我々は、「運が向いてきた」と言ったり、「運が続いている」と喜んだり、「もう運の尽きだ」と悲しんだりする。さらに、先にも触れた通り、我々は特定の人間について、生きている限りずっと続くような属性として「運」を語ることもある。たとえば、「強運の持ち主」とか「運のない人」といった言い方である。

†運と運命

このように、たとえば持続的な傾向性や人物の属性として位置づけられるとき、「運」は「運命」の意味に近づいてくる（→前掲の説明①）。すなわち、自分ではコントロールできない人生の定め、人知を超えた何か――神や物理法則といったもの――によって決められていること、理由や原因のある必然的な作用、といった意味合いを帯びてくるのである[3]。つまり、「運」は、一面では「偶然」の領域に重なりつつ、多面では、正反対の「必然」の領域に接近するのである。

ただし、「運」と「運命」はぴったりイコールというわけではない。繰り返すように、「運」はしばしば「偶然」に置き換え可能である一方で、「運命」が「偶然」の意味をもつことは基本的にない。言い換えれば、ときに「運」は、「運命」と同様に「必然」寄りのニュアンスを帯びることもあるが、どちらかといえば「偶然」の領域に重心を置いた言葉だということである。

そして、この特徴は「運」と「運命」の間に重要な違いをもたらす。ある出来事が運命として——とりわけ、理由や原因のある必然的な作用として——捉えられる場合、少なくとも予期の可能性が閉じられることはない。たとえば、地震を止めることは人間には不可能だが、もしもその原因を詳細に究明することができれば、地震の生起を予期し、あらかじめ何らかの対策を施すことができるだろう。また、地震の原因がそれこそ神の怒りといった超自然的なものであるとしたら、神に供物を捧げてその怒りを鎮めることによって、地震の発生自体をコントロールすることができるかもしれない。(仮に、神の怒りと地震の発生という因果関係が、客観的には迷信や妄想の類いであるとしても、そう信じる人々自身は運命を変える希望を見出すことができる。)

これに対して、出来事が偶然の作用として捉えられる場合には、物事が生じることに何の原因もないことになるのだから、予期の可能性もコントロールの可能性も見出すことはできない。それゆえ、偶然のニュアンスに傾斜することの多い「運」という言葉は、「運命」という言葉と比べれば、人が先を見通したり制御したりすることの困難さをより強調するニュアンスを帯びていると言えるだろう。

†運と幸せ・幸い

そして、「運」という言葉はもうひとつ、別の奥行きも備えている。すでに確認した通り、「運」はしばしば「幸運」というポジティブなニュアンスを含む。たとえば、「強運」や「運が向く」といった表現、あるいは逆に、「不運」とか「運の尽き」といった表現のなかでは、「運」は吉事や福をもたらすよい作用として位置づけられている。このニュアンスが前面に出てくると、「運」は「幸せ」や「幸い」といった意味合いを帯びるようになる（↓説明②）。

この、「運」と「幸せ」「幸い」の結びつきの深さを、今度は後者の言葉たちの方から眺

---

［3］「運命」とほとんど同じ仕方で用いられる言葉に、「宿命」がある。これは元々仏教用語であり、生まれる以前から（たとえば前世から）定まっている運命、というニュアンスを含んでいる（『日本国語大辞典』第二版、小学館）。

めてみよう。これらの辞書的な意味は次の通りである。

「しあわせ（仕合・幸）」

「しあわす（為合）」の連用形の名詞化。

①めぐり合わせ。運命。なりゆき。機会。よい場合にも、悪い場合にも用いる。

②幸運であること。また、そのさま。

（イ）運がよいこと。また、そのさま。幸福。

（ロ）幸運にめぐりあうこと。運が向くこと。うまい具合にいくこと。

③物事のやり方、または、いきさつ。事の次第。始末。

④人が死ぬこと。不幸、葬式。

「さいわい（幸）」

「さきわい」の変化した語。

①神仏など他が与えてくれたと考えられる、自分にとって非常に望ましく、またしあわせに感じられる状態。運のよいこと。吉事にあうこと。幸運であること。また、そのさま。幸福。しあわせ。

②ある事態、状況が、ある人にとってうまく利用できるようであること。また、そのさま。

まず、「幸せ」という言葉は元々、「する」と「あわす」が結びついた動詞「しあわす（仕合わす、為合わす）」が名詞化したものであり、二つの事物がぴったり合った状態を指す。そして、その状態は自分の意志や努力だけでは実現せず、それを超えた働きに大きく左右されるものだという受けとめ方が、この言葉には込められてきた。それゆえ、この言葉は本来、ぴったり合った状態がよいものか悪いものかにかかわらず、純粋な「巡り合わせ」や「運命」を意味している。（ただ、現在では、④の「人が死ぬこと」や「不幸」、「葬式」といった意味ではほとんど用いられない。）また、特によい状態、すなわち、恵まれた状態や満ち足りた状態を指す場合であっても、それが幸運によるものだというニュアンスを本来は含んでいる。

それから、「幸い」という言葉は、動詞「さきわう」の名詞形が変化したものである。「さきわう」は、豊かに栄えること、幸《さち》が広がることを意味するが、その状態はやはり自分の力を超えたものによって与えられた幸運だという意味合いを帯びている。

†幸せ・幸いと幸福

このように、「幸せ」や「幸い」という古来の日本語は、「幸運」や「運命」といったものと切り離せないかたちで用いられてきた。これは、「幸福」という言葉とは対照的な特徴である。「幸福」は江戸時代頃から使用例が見られる言葉だが、日常では基本的に、不平や不満がなく心が満ち足りているさまを意味し、「幸運」や「運命」というニュアンスは含んでいない。また、現在では「幸せ」という言葉もそのニュアンスが弱くなっている一方で、「幸い」はいまも「幸運」という意味合いを強く帯びているように思われる。たとえば我々は、「怪我がなくて幸いだった」とか、「幸いにもバレなかった」などと言うだろう。

†日本語の運概念およびその周辺概念のまとめ

ここまで確認してきた「運」という日本語の奥行き、周辺の言葉との結びつきを、念のためもう一度整理しておこう。

「運」とは基本的に、自分の生活に影響を与えながらも、自分では予期やコントロールができない計り知れない働きというものを意味する。これは偶然の作用としても捉えられるが、「運が向く」とか「強運の持ち主」といった表現もなされるように、どこか運命的な必然の作用という意味合いも帯びる。

それから、まさにそうした「運が向く」や「強運の持ち主」等々の表現に示されている通り、「運」という言葉はしばしば幸運や幸い、幸せというポジティブな意味合いを帯びる。

また、逆に「幸い」や「幸せ」という言葉に着目した場合にも、これらは古来、「幸運」というニュアンスを多分に含んだ仕方で用いられてきた。ただし、現在では「幸せ」は、「幸い」に比べればそのニュアンスが弱くなっているように思われるし、さらに、「幸福」にはそのニュアンスが全く含まれない。

2 英語の「luck」「fortune」等

†luck, fortune, chance

以上のような特徴は、日本語の言葉としての「運」にのみ当てはまるものではない。

ここでは英語の言葉を確認することにしたい。「運」に対応するのは、主として「luck」「fortune」「chance」である。これらの言葉はそれぞれ次のような意味をもっている。[4]

「luck」

①運命、天運、天命、定め。巡り合わせ、運、運勢、つき。

②幸運。成功。

③幸福をもたらす物、縁起物、お守り。

「fortune」

①富。財産、身代、資産。大金、万金。富貴［金持ち］の身。

②（出来事の吉凶にかかわる）運。

③運命の起伏、（人生・国・政党などの）浮き沈み、盛衰。

④（将来の）運命、宿命、運勢。

⑤（F-）運命の女神。……例：Fortune's favorite（運命の寵児、幸運児）

⑥幸運、果報。成功、繁栄、繁盛。

「chance」

①偶然（の出来事）。

②運、運命、巡り〔回り〕合わせ。
③見込み、公算、可能性。成算、勝算、勝ち目。
④機会、好機、チャンス、きっかけ。

どの言葉も、「運」のほかに「運命（天命、宿命、巡り合わせ、等）」という意味をもっている点で共通しており、ここでも運と運命の深い結びつきが伺える。たとえば、fortuneという言葉は、「偶然」や「幸運」を意味するラテン語「fors」「fortuna」などに由来するが、fortunaは古代ローマの神話における「運命の女神」の名でもあった。

ただし、fortuneやchanceはそれぞれの独特のニュアンスを含んでおり、「運」という日本語に翻訳できないケースも多い。まずfortuneは、「幸運」「運命」という意味を起点に、次第に「成功」や「繁栄」、さらには「富」、「財産」といった意味を獲得しており、現在ではむしろこれらの用法の方が多い。

また、chanceは、後期ラテン語の「cadentia（落ちること、倒れること、偶発事）」と古

［4］　本項では、『ランダムハウス英和大辞典』（小学館）、『ジーニアス英和大辞典』（大修館書店）、『シップリー英語語源辞典』（大修館書店）を基に、英語の言葉の意味と語源について記述している。

期フランス語の「cheance（可能性）」に由来し、単なる偶然や可能性といったものを指す場合が多い。つまり、fortuneやluckとは異なり、「幸運」というポジティブなニュアンスは含まれていないということである。したがって、たとえばluckの形容詞形「lucky」と結びついた「lucky chance（幸運）」という表現も一般的に用いられている。それから、chanceには「見込み」や「勝算」、さらに「機会」、「好機」、「チャンス」という意味合いも帯びている。

以上の点から、日本語の「運」に最も近い英語はluckだと言えそうだが、ここでもう少し、「運」に対応する別の英語の言葉も見ておくことにしたい。「accident」と「hazard」、それから「happy」「happiness」である。

† accidentとhazard

まず、accidentは、ラテン語の「accidere（〜へ落下する、起こる）」に由来し、chanceと同様に、単なる偶然や運、巡り合わせといったものを意味する。それゆえ、やはり形容詞luckyと結びついた「lucky accident（運のいい出来事、幸せな偶然）」という表現も多用される。また、accidentはネガティブな意味合いも帯びており、「悪い偶発事」や「事故」、「故障」、「災難」といった用法ももつのが特徴である。

次に、hazardは、アラビア語の「al-zahr（さいころ）」および古期フランス語「hasard《アザール》（偶然、運、危険）」に由来し、「さいころ賭博」の意味から「さいころの目の不確かさ」、「偶然、運、不運」、「予測不可能性、不確実性」、さらには「冒険、危険」、「危険を引き起こすもの、害悪、障害物」といった意味へと展開している。「ハザード・ランプ」や「ハザード・マップ」、「バイオ・ハザード」、「モラル・ハザード」などの日本語に現れるカタカナ語としての「ハザード」は、hazardがもつ多様な意味合いとしていま列挙したもののうち、後半の「冒険、危険」に対応していると言える。

†happy, happiness

最後に、形容詞happyとその名詞形であるhappinessは、上記の二つの言葉とは異なりポジティブな意味をもつ言葉であり、幸福であることや喜ばしいこと、満足であることなどを主に指す。ただし、元々は「happening（偶発事、ハプニング）」などと同様に、古ノルド語「happ（運）」および中期英語「hap（運、幸運、運命。思いがけない出来事、偶然の事件）」に由来する言葉であり、「偶然」「幸運」という意味合いも残っている。それゆえ、たとえば、「by a happy chance［*or* accident］（幸運にも）」といった言い方がなされることもある。

†英語の運概念およびその周辺概念のまとめ

ここまで取り上げた、「運」の意味をもつ英語の言葉たちの連関は、次のように整理することができるだろう。

自他の生活に深く影響を与えながらも自分には予期やコントロールができない、計り知れない働き。すなわち、当人の認識能力や自由意志を超えた働き。この働きは（ア）偶然の作用とも、また逆に、（イ）必然の作用とも捉えることができる。（ア）の見方をとった場合には、chance という言葉が担う様々な意味合いを帯びるようになるし、（イ）の見方をとった場合には、luck や fortune が担う意味合いのうち、「人知を超えた何か（神、因果応報の法など）によって決められた定め」、「運命」というものを指すようになる。

それから、上記の働きをネガティブな作用として捉えた場合には、accident や hazard が含む「事故」「災難」「危険」といったニュアンスへとつながっていく。他方で、それをポジティブな作用として捉えた場合には、luck や fortune がもつ「幸運」や「成功」という意味合いを帯び、さらに、fortune が担う「富」や「財産」という意味にも展開していく。また、「幸福」や「喜び」、「満足」などを指す happiness（およびその形容詞形 happy）も、その語源からして、「偶然」「幸運」というニュアンスを多少なりとも含んでいる。

†「幸せ」やhappinessからの、運の要素の脱色

以上の点から、luckと日本語の「運」は、先にも述べた通り、互いに最もよく馴染む言葉だと言えるだろう。また、happinessも、日本語の「幸せ」や「幸い」と同じような成り立ちをもち、これらの言葉と相互に置き換えやすい言葉だと見なすことができる。

ただ、現在ではhappinessがhappeningと同根であるという認識は一般に低く、happinessに「偶然」や「幸運」というニュアンスは薄い。少なくとも、「運」の訳語としてhappinessを選択できるケースはかなり少ないだろう。同様に、日本語でも「幸い」にはまだ「運」のニュアンスが濃厚に含まれているが、「幸せ」に関してはそのニュアンスがもう消えかかっているか、あるいは全く含まれていない。この点もすでに確認した。

「幸せ」やhappinessという言葉から運の要素がいわば脱色されてきたのはなぜなのか――これには様々な解釈の可能性が考えられる。たとえば、近代以降の科学技術の発展に伴い、人間がコントロールできる範囲が拡大し続けているかに見えるということが、深く影響しているのかもしれない。また、政治や経済の構造の変化に伴って、決められた環境や身分等に甘んじることがあまり自明視されなくなってきたことなども、あるいは関係があるのかもしれない。つまり、そうした背景の下で、「自分の人生は自分の意志や努力次

第で決めることができる」とか、「そのような生き方こそが道徳的に称賛されるべきであり、幸福に値するものである」といった考え方が次第に強化されてきたと推測することもできる。

ただ、本書ではこの点については深入りしない。代わりに、運というものを古来人々がどのように受けとめ、どのような思考を紡いできたのかについて、その広がりの一端を多様な文献を基に実際に確認していくことが、本書の主要な中身となる。

＊　＊　＊

その手始めに、次章では、古代ギリシアの人々が運というものをどう捉えていたのかを跡づけたい。しかも、そこで参照するのはプラトンやアリストテレスらの哲学書ではなく、それ以前の文学作品である。その作業を通じて、運（luck）というものをめぐって本章で確認してきた概念間の結びつきや広がりが、日本語圏や英語圏に限られた特殊なものではないことがまず見て取れるだろう。また、いまここでプラトンら以前のギリシア人の思考を辿っておくことは、第Ⅱ部で運にまつわる哲学的議論を追っていくための最後の準備となるだろう。

第2章

古代ギリシアの文学作品における「運[5]」

1　くじ、割り当て、運命

†モイラとアイサ

古代ギリシア人こそ、〈人生に影響を与えつつも人知を超えた、計り知れない働き〉というものに強い感受性をもち、また、それを多彩な仕方で表現してきた人々だ。では、彼らはこの働きを具体的にどう受けとめ、文学作品のなかでどう表現してきたのだろうか。

この点に関して最も重要と思われる言葉は、「モイラ（μοῖρα）」およびその複数形「モイライ（μοῖραι）」と、それとほぼ同じ用法をもつ「アイサ（αἶσα）」、それから「テュケー（τύχη）」だろう。まずこの項では、文学作品に現れるモイラとアイサの意味を詳しく確認しておきたい。

モイラとアイサは、本来は「区切り」や「部分」、「配分」、「分け前」といった意味をもつ言葉である。実際、ホメロス（前八世紀頃）の叙事詩『イリアス』『オデュッセイア』では、戦利品や食糧の分け前という意味でこれらの言葉が用いられている場面がある（『イリアス』9. 318–319; 18. 327、『オデュッセイア』20. 260–261）。

興味深いのは、モイラとアイサはくじというものと深く結びついている、ということである。イギリスの古典学者・古代史家ジョージ・トムソンによれば、食糧などの分け前に関してくじ引きという手法を用いるのはインド＝ヨーロッパ文化の古い特質であるという。ロシアの哲学史家Ｂ・Π・ゴランもこの点に着目しており、『イリアス』において様々な問題を解決する際にくじ引きが多用されていることを指摘している。そして、両者によれば、モイラとアイサはこの特質が色濃く反映されている言葉にほかならない。つまり、くじ引きによる区切りや配分というニュアンスを、これらの言葉は含んでいるということである（トムソン『ギリシャ古代社会研究』下・三七頁、五七頁、ゴラン『ギリシア人の運命意識』一三二頁）。

この点は、「ノモス（νόμος）」という言葉と対照することで際立ってくる。「慣習」や「掟」、「法」といったものを意味するノモスは元々、モイラ・アイサと同様に、「区切り」や「部分」という意味をもっていたが、「ノモスの方はくじと一切関係がなく、ただ牧場に適用されていたに過ぎない」（トムソン『ギリシャ古代社会研究』下・五七頁）。言い換えれば、ノモスは「人為的な区切り」という意味合いを帯びており、そこから次第に「慣習」「掟」「法」といった意味へと展開していったと考えられるのである。

†機会の平等を保障するものとしての、くじ引き

ともあれ、トムソンの言う通り、モイラやアイサが「くじ引きによる区切り」というニュアンスを含むのであれば、この言葉がしばしば「公正」や「正当」、「適切」といった意味をもつこと（『イリアス』8.146、『オデュッセイア』22.54等）もうなずける。たとえば、くじ引きという手段によって獲物や土地の配分を決めることは、身分や貴賤の差、縁故の有無などによって影響されない公正なやり方であり、誰にでも平等な機会を与えるものだと言えるだろう。

---

〔5〕 本章で行っている古代ギリシア語の語義の説明は、以下の文献を基にしている。『ギリシャ語辞典』（大学書林）、*A Greek-English Lexicon*（Oxford）、『哲学事典〔改訂新版〕』（平凡社）における「運命」の項、『現代倫理学事典』（弘文堂）における「運命」「幸福」の項、および、トムソン『ギリシャ古代社会研究』第三部第八－九章、ドッズ『ギリシァ人と非理性』第一－二章、ゴラン『ギリシア人の運命意識』第二－五章。

そして、この誰にでもというのは、文字通りどんな例外もいないということであって、たとえ神々であっても恣意的に望むくじを引くことはできない。仮にそうした不正な操作ができたとすれば、それはそもそもくじ引きではなくなるからである。くじ引きのそうした原理的な公正さというものが非常によくあらわれているのは、古代ギリシアの最も強大な神々、ゼウス、ポセイドン、ハデスの三兄弟が、自分たちの領地を定めるのにくじ引きを行ったという神話である。『イリアス』のなかで、その次第をポセイドンが語る場面を引いておこう。

> 全世界は三つに分割され、三兄弟が各々それぞれの権能を割り当てられた。くじを引いて私は灰色の海にいついつまでも住むことになり、ハデスは暗々たる闇の世界を、ゼウスは高天と雲の漂う広大な天空を得た。そのほかに大地と高峰オリュンポスとは、我ら三神に共通のものとなった。されば私はゼウスの思い通りに生きるつもりはさらさらない、彼がいかに強力であろうとも、三分の一の持ち分に甘んじて、おとなしくしておればよいのだ。（『イリアス』15. 189–196）

しかし、くじ引きという公正で平等な方法は、結果が平等であることまでは保証しない。

天空と海と冥界のどれを得るのが幸運かは判然としないが、それこそ宝くじなどは普通、ある人には幸運を、別の人には不運をはっきりともたらすし、ときに個々人の人生を決するような影響を与えることもあるだろう。それゆえ、モイラとアイサは自ずと「運（幸運、不運）」という意味合いも帯びている。

†運命としてのモイラ・アイサ

そして、当時のギリシア人は、くじ引きに象徴されるような、人間にはコントロールできないそうした超越的な作用を、必ずしも単なる偶然の産物とは捉えず、むしろそれを運命として、すなわち必然の作用として受けとめていた。これはなにも、彼らに特有の考え方というわけではない。たとえば日本でも、くじ引きの結果を神意として捉え、多様な物事を決定したり吉兆を判断したりする拠り所としてきた歴史がある。ほかにも、木片や石を投げるといった、まさに偶然に任せているとも言える方法によって、かえって必然的な運命を見定めようとする儀式は、世界中の文明・文化で広く見受けられるものである。

いずれにせよ、ここで重要なのは、古代ギリシアにおいてモイラとアイサの最も主要な用法は「運命」だということである。ホメロスの作品だけではなく、ヘシオドス（前八世紀頃）やテオグニス（前六世紀頃）らの詩、そしてアイスキュロス（前六－五世紀頃）らの悲劇など、幅広い時代の作品を貫いて、モイラとアイサは「運命」の意味で頻繁に用いられている。

さらに、この「運命」という意味と、「不運」「不幸」という意味に関連して、モイラとアイサが「死」や「滅び」といった意味も担っていることは付言するに値するだろう。なぜなら、死とはまさしく、誰にでも訪れる避けられない運命として捉えられうるからである。古代ギリシア最大の叙情詩人ピンダロス（前五二〇頃－四四〇頃）が詠うように、「冥界《ハデス》の波は誰にも等しく押し寄せて、栄えある者にもそうでない者にも崩れかかる」（「ネメア祝勝歌集」7.30-31）。そうして、「富む者も貧しき者も、死の墓へと赴く」（同7.19）のである。

（なお、この点で我々は、このモイラやアイサというギリシア語の言葉と、日本語の「幸せ」という言葉との意外な共通性を見出すことができるだろう。先にリスト上で示したように「本書24頁」、「幸せ」は元々、「人が死ぬこと。不幸、葬式」という意味合いも帯びていた。この言葉の原義が純粋な「巡り合わせ」や「運命」であり、よいことも悪いことも意味しうることを鑑みれば、「幸せ」がモイラやアイサと同様に「死」の意味も担っていたことも奇妙ではない。）

†類義語たち――ラコス・ラケシス、ダイモーン、そしてエウダイモニア

モイラ（μοῖρα）	区切り　部分　割り当て　公正　正当　運　運命　死
アイサ（αἴσα）	区切り　部分　割り当て　公正　正当　運　運命　死
ラコス（λάχος） ラケシス（λάχεσις）	くじ　くじ引きによる分け前　割り当て　運　運命
ダイモーン（δαίμων）	神　神霊　神的な力・働き　運命　運　守護神　悪霊

運に関する古代ギリシアの言葉の例

ともあれ、以上で、モイラとアイサという言葉の奥行きはおおよそ確認できたことになる。次に、これらの言葉の類義語も概観しておくことにしよう。[6]

まず、「ラコス（λάχος）」ないし「ラケシス（λάχεσις）」は、「くじ」や「くじ引きによる分け前」という意味を明示的にもつ言葉であり、「運」や「運命」の意味も担うが、「死」というニュアンスは含まない。

それから「ダイモーン（δαίμων）」という言葉も、「運」や「運命」を指すものとして非常に重要な言葉である。この言葉は元々、「分ける」「割り当てる」という意味の動詞「ダイオー（δαίω）」に由来するという説が有力であるが、

[6]　表に示した言葉以外にも、「ポトモス（πότμος）」、「オイトス（οἶτος）」、「ペプローメノン（πεπρωμένον）」、「ケール（κήρ）」、「モロス（μόρος）」など、「運」や「運命」の意味をもつ古代ギリシアの言葉は数多いが、これらについては本書では解説を省略する。

ホメロスの作品中では多くの場合、「神」や「神霊」と同じ意味合いを帯び、戦況や登場人物たちの心理などに介入する超越的な存在や、その存在が振るう力・働きとして用いられている。たとえば、ある人物が不意に勇気を得たり、あるいは分別をなくしたりしたときに、それは「ダイモーン」のせいだとしばしば言われる。さらに、そうした神的な働きによって人間に降りかかる「運命」や、「幸運」、「不運」といった意味合いもこの言葉は強く帯びているほか、個人の運命を幸運に導く「守護神」や、逆に不幸に導く「悪霊」の意味も担っている。[7]

そして、この「ダイモーン」という言葉と深く関連する言葉に、「エウダイモニア（*εὐδαιμονία*）」がある。これは文字通りには、よい神霊・守護神《エウダイモーン》の加護があることを指し、そこから転じて、「幸福」を意味する代表的な古代ギリシア語のひとつとなっている。つまり「エウダイモニア」は、日本語の「幸い」がもつ元々の意味合い——神仏などが与えてくれたと考えられる、自分にとって非常に望ましく、また幸せに感じられること（24頁）——とよく似通っていると言えるだろう。

2　神は運命を左右できるのか

† 抽象的概念の神格化

ところで、古代ギリシアのひとつの特徴として、こうした抽象的概念がいずれも擬人化・神格化されていることが挙げられる。「ダイモーン」が神や守護神、悪霊といった意味をもつことはいま紹介したが、たとえば『イリアス』では次のように、モイラが「運命の女神」として登場している。

> きっと強力な運命《モイラ》の女神（Μοῖρα）は、私があの子を産んだとき、生まれた子どもに運命の糸をこのように紡いでおやりになったのでしょう。（同 24. 209–210）

また、ヘシオドス（前八世紀頃）の叙事詩『神統記』では、運命の女神は「モイラ」ではなく「モイライ」という複数形で名指され、「クロートー（糸を紡ぐ女）」、「ラケシス[8]

[7] ダイモーンは英語の「demon《デーモン》（悪霊、悪魔、鬼）」の語源でもあるが、それは主にこの最後の用法に由来する。

[8] 一般名詞としての「ラケシス（λάχεσις）」は、前項で解説した通り、「くじで割り当てられたもの」「分け

（測定する女、割り当てる女）」、「アトロポス（糸を裁つ女、後戻りを許さない断固たる女）」というう名および役割分担をもつ三人の神の総称となっている。関連する一節を引いておこう。

〔クロートー、ラケシス、アトロポスの三女神は〕死すべき身の人間どもの出生の際に
よき運命と悪しき運命とを授ける
また彼女たちは　人間どもと神々の僭越を罰する
彼女たちは恐ろしい怒りを決して鎮めはしない
過ちを犯す者に手酷い仕打ちを与えるまでは（『神統記』219–222）

ゼウス、ポセイドン、ハデスの三神が自分たちの行く末をくじに託したように、ここでも運命は、神々すら抗えない働きとして表されている。すなわち、運命の三女神《モイライ》という「各人のくじ運を決定する女神」（トムソン『ギリシャ古代社会研究』下・四一頁）は、人間だけでなく他の神々も罰しうる存在として語られているのである。

†神すら抗しえない運命の力

運命のこうした強大な力は、アイスキュロス（前五二五―四五六）作の悲劇『縛られた

プロメテウス』においても効果的に表現されている。プロメテウスは、人間を憐れんで様々な技術を与えていた神であるが、ついには神々が独占していた火を盗んで人間に与えたために、ゼウスの怒りを買い、カウカソス山の山頂に縛りつけられる。以下は、プロメテウスと彼に同情的なコロス（合唱隊）とのやりとりの場面である。

プロメテウス　……人間のもつ技術はすべてプロメテウスの贈り物だと思うがいい。

コロス　もう、ご自分の不幸を放っておいて、人間たちを不相応に助けてやるのはおやめください。私はまだ希望しております、この束縛からあなたがいまに解放されて、ゼウスにも劣らぬ力を得られるだろうと。

プロメテウス　いや、終わりをもたらす運命の三女神《モイライ》（*Μοῖραι*）が、そのように落ち着かせると定めてはいない。数限りない苦悩や困難にくじかれて、はじめて私はこの束縛を逃れるのだ。技術というのは、必然の女神《アナンケー》（*Ἀνάγκη*）に比べれば遥かに力が弱いものだ。

前」「運命」といったものを指すが、運命の三女神《モイライ》の一人として登場する際の「ラケシス（*Λάχεσις*）」は基本的に、運命の糸の長さを測ってアトロポスに渡す役割を担っている。

コロス　では、誰がその、必然《アナンケー》の女神の舵取りなのですか。

プロメテウス　三様の姿をたもつ運命《モイラ》の三女神《イ》と、執念深い復讐《エリーニュエス》の三女神だ。

コロス　では、この方々よりも、ゼウス様は弱いのでしょうか。

プロメテウス　そうだ。彼とて運命の定めるところは逃れえまい。（『縛られたプロメテウス』506-518）

この場面ではまず、運命《モイ》の三女神《ライ》が、必然《アナンケー》の女神を操る者として語られている。「アナンケー（*ἀνάγκη*/*Ἀνάγκη*）」とはギリシア語で「必然」を意味する言葉であり、ときにこの場面のように神格化されて、必然性を司る女神を意味することもある。[9] つまりここでは、運命がまさに必然の作用であることが強調されていると言える。そして、この場面で何より注目すべきなのは、運命《モイ》の三女神《ライ》の働きには最高神ゼウスすら抗しえないこと、すなわち、ゼウスも必然的な運命の定めから逃れられないことが、はっきりと宣言されている点である。

†神の全能性と運命の力との緊張関係①——『神統記』から

ただし、運命《モイ》の三女神《ライ》とゼウスの関係性は、他の作品の記述も踏まえると、かなり錯綜したものになる。先にも取り上げた『神統記』の前半では、運命の三女神《モイライ》は、夜が神格化された存在である女神夜《ニュクス》が一人で生んだと詠われている（216-218）。しかし後半では、ゼウスとテミス（法・掟の女神）の間に生まれた子だとされ、個々の人間にそれぞれの運命を授ける特権をゼウスが我が娘運命の三女神《モイライ》に与えた、と説明されているのである（901-906）。

神々の系譜を明らかにするはずの『神統記』の内部で、運命の三女神《モイライ》の出生をめぐる説明がこのように食い違っているのはなぜだろうか。ゴランによればその原因は、ギリシアの元々の神話体系と、その後に人々が思弁を重ねて構築した神話体系とが混在していることによるという（ゴラン『ギリシア人の運命意識』二六六―二七三頁）。運命の三女神《モイライ》が原初の神混沌《カオス》の娘である夜《ニュクス》から生まれたとすれば、それはゼウスをはじめとするオリュンポスの神々の誕生よりも遥かに古い系譜である。その一方で、運命の三女神《モイライ》をゼウスの娘とする系譜は、ゼウスが世界のすべてを支配するという一貫した秩序に、運命の働きも例外

［9］ なお、ギリシア神話を吸収したローマ神話において、女神アナンケーに対応する神は「ネケシタス（Necessitas）」という。この言葉が英語の「necessity（必然性）」の語源になっている（『ランダムハウス英和大辞典』小学館）。

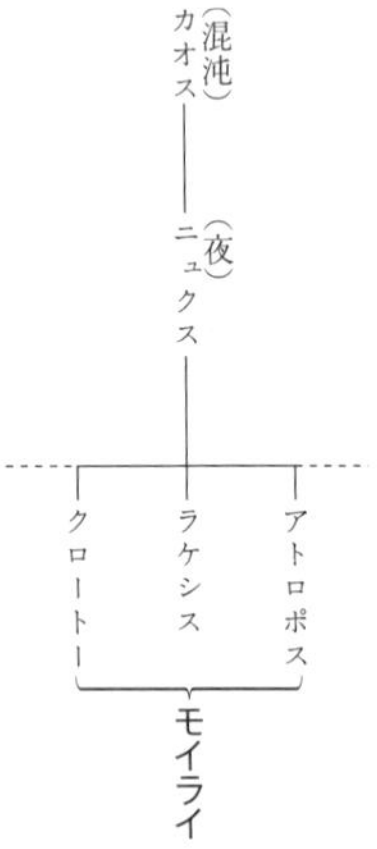

『神統記』216-218におけるモイライをめぐる系図

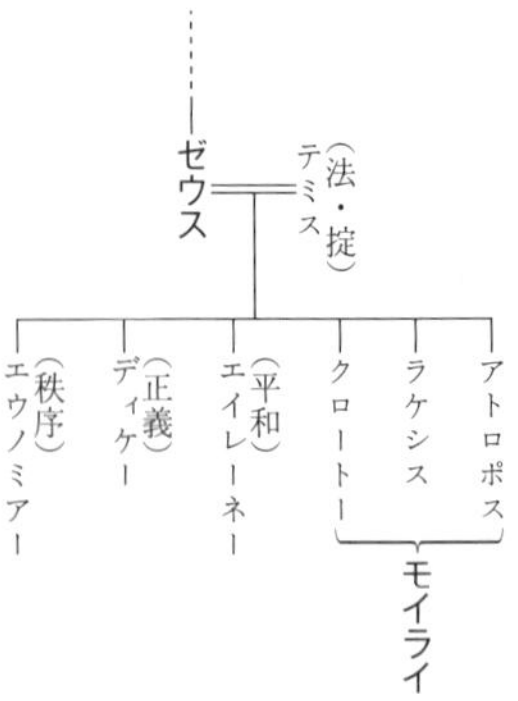

『神統記』901-906におけるモイライをめぐる系図

なく取り込もうとする傾向が反映されていると言えるかもしれない。つまり、ゼウスを全能の存在として捉えようとする宗教的思弁の発展が、運命の三《モイ》女神《ライ》の出生の系譜に分裂をもたらしたと見ることもできるのである。

†神の全能性と運命の力との緊張関係①——『イリアス』から

『イリアス』においても、ゼウスと運命の関係性には揺れが見られる。繰り返すように、ゼウスやポセイドンらは自分たちの領地の割り当てをくじに頼っている。また、ゼウスは、黄金の秤《はかり》がどちらに傾くかを確認することで、トロイア戦争でどちらの軍勢が勝つかや、アキレウスとヘクトルのどちらが死ぬかを見定めている（ホメロス『イリアス』8.66–77; 22.209–213）。つまり、そこではゼウスは、秤を用いて運命を知ることしかできない予言者の地位に甘んじていることになる。川島重成が指摘するように、「〈黄金の秤は〉ゼウスが扱うものではあっても、この神の意思どおりにならない点で、運命というものの非人格性、つまりその人間的事象への本質的無関心をよく表しているメタファ」（川島『「イーリアス」ギリシア英雄叙事詩の世界』二〇九頁）なのである。

以上の点は、『縛られたプロメテウス』の場合と同様に、運命の働きがゼウスの力能を超えていることを示しているように思われる。しかし、別の場面では、こうした理解に反するような状況も描かれている。我が子サルペドンが武将パトロクロスに討たれる運命にあることを嘆くゼウスは、こう悩むのである。

胸中様々に思い巡らすわしの心は、二つの途の間で迷う。息あるうちに彼を涙多き戦場から引き攫《さら》い、リュキエの肥沃なる国許に運んでやるか、それとも今ここでメノイティオスのせがれ〔パトロクロス〕の手で死なせたものか。（『イリアス』16.435–438）

ゼウスの妻で最高位の女神であるヘラは、これを聞いて次のように戒《いまし》めている。

世にも恐ろしいクロノスの御子〔ゼウス〕よ、なんたることを仰せられます。所詮は死すべき人間の身で、すでに早く命運定まった者を、忌まわしい死から救おうとお考えなのですか。それならそのようになさいませ、ですが他の神々は誰も納得しないでしょう。（同 16. 439-443）

ゼウスはこの諫言を聞き入れ、我が子を救うことをやめるわけだが、このやりとりを見る限り、ゼウスは運命自体を左右できる法外な力能を有しているかに見える。

以上のように、ゼウスと運命の関係をどう捉えるかについては、同じ作品内でも違いが見られるケースがある。その揺れはやはり、ゼウスの力能をどこまで高く見積もるかということにかかわっていると思われる。つまり、彼を文字通りの「全能」の存在として位置づけようとすれば、〈運命は神々をも支配する〉という見方との緊張関係がどうしても生じてくるということである。

†神々が立つ岐路——人間らしさとの連続と断絶

とはいえ、ここでひとつ留意しておくべき点がある。それは、『イリアス』の上述の一場面においても、ゼウスは結局のところ運命を変えていないし、また、元々の運命の内容自体はゼウスがあずかり知らぬところで決まっていた、ということである。さらに、運命の三女神《モイライ》をゼウスの子とする『神統記』後半の叙述においても、個々の人間にそれぞれの運命を授ける力を、ゼウスは自ら握るのではなく、わざわざ自分の娘たちに託している。つまり、どちらの作品においても、ゼウス自身が実際に運命の決定者となったことはないのだ。それはなぜだろうか。

さらに推測を重ねることになるが、その理由はおそらく、これらの作品中のゼウスがあまりにも人間らしいこと、人間臭いことによるのではないだろうか。ゼウスはよく怒り、悲しみ、喜ぶ。すぐに恋をし、その相手を追いかける。また、親愛や嫌悪の念を隠さない。(人間であれ神であれ)特定の個性的な誰かが、そうした感情や欲求に従って、あるときに自分の意志で決定するというのは、運命というものに備わる基本的な特徴と相容れない。すなわち、人間の思いとは無関係に自ずと必然的に定まっているもの、という特徴である。先に引いた川島の言を再び借りるなら、運命の大きな特徴は、その非人格性——人間的事象への本質的無関心——なのである。

たとえば、運命を司る女神とされるモイラやモイライには、どの作品においても、ゼウスのような個性や人間らしさは備わってない。彼女らが自分の好みや思いつきによって個々人の行く末を決定するという描写はどこにもない。運命の糸は、彼女らの手を借りて自ずと紡がれる。つまり、彼女らは、擬人化されながらも人間的ではない、まさしく神秘的な運命の象徴として輪郭づけられているのである。

ギリシア神話に限らず、運命はしばしば神などの超越的な存在と結びつけられる。たとえば、運命は神の意志、すなわち「神意」と呼ばれたり、あるいは「天命」などと呼ばれたりもする。しかし、その際の「神」や「天」も、ギリシア神話の運命の女神と同様に、「恣意的な決定を行う自由な意志の持ち主」という像とはほど遠い。総じて、神が文字通りの全能性を獲得し、運命の決定者そのものになると、人間とは完全に隔絶し、人間的な輪郭を失うことになる。逆に、神が個性をもち、人間的であればあるほど――たとえば、愛する者を失いたくないといった人間的な感情や願いをもてばもつほど――運命の決定者たりえなくなる。ゼウスが我が子サルペドンの運命を前にして立っていたのは、まさにこの岐路だったと言えるのではないだろうか。

3　運命の不平等さ、理不尽さ

†個別の人生をかたちづくる運命

古代ギリシアの文学作品を追っていくと、時代を下るにつれてゼウスは、全能の神としての性格を色濃くしていく傾向が見られる。[10] ただ、運命をそのように神意として捉えるにせよ、あるいは神の力能をも超えるものとして捉えるにせよ、それが人間にはコントロールできない計り知れない働きであることに変わりはない。

我々人間にとって重要なのは、その働きが一様ではないということである。くじ引きという方法が、結果の等しさを保証するものではなく、むしろ個々人に違う結果をもたらすために行われるものであるように、運命の女神は、個々人が生まれたときにそれぞれ違う

[10] たとえば、本項で取り上げるピンダロスとテオグニスは、ゼウスをまさに全能の神として位置づけている。ピンダロスは、「ゼウスが禍福を割り当て、ゼウスがすべてを統べる」(「イストミア祝勝歌集」5.50–54) と称えている。またテオグニスも、ゼウスを「万物を統べるお方」(『エレゲイア詩集』373) と呼んで崇敬の対象としている。そうした点で言えば、その点では、前五世紀頃に書かれたと思われるアイスキュロスの『縛られたプロメテウス』において、運命の力がゼウスよりも上位に置かれているのは、比較的珍しい例と言えるかもしれない。

運命を割り当て、違う人生へと導くのである。

たとえばピンダロスは、運命によって個別の人生がかたちづくられることを、次のような詩に刻んでいる。

> 我々は生まれながらに異なる。それぞれが違う人生に運命づけられているからだ。[11]
> ある者はこれを、別の者はあれを授かる。ひとりの人間が、
> 完全な幸福《エウダイモニア》を手に入れることはありえない。
> 運命の女神《モイラ》が誰にそのような結末を永続的に与えたか、その名を挙げることは不可能だ。(「ネメア祝勝歌集」7.54‒58)

めいめいが生まれつき異なる運命に縛られているからこそ、我々はそれぞれ異なる人生を歩む存在となる。しかも、ゼウスの黄金の秤をもたない我々は、その運命を前もって知ることができない。

†テオグニス①——未来へと広がる闇

同様に、運命の不平等さと不可知さを詠った詩人に、テオグニス(前六世紀頃)がいる。

彼の『エレゲイア詩集』からいくつか拾ってみよう。

破滅を招いたり利益を得たりする原因が自分にある人などいないよ、キュルノス、自分のせいではない。破滅と利益のどちらも、それを与えるのは神々だ。また人々のうちで、行動する際に、結果がよきものとなるか悪しきものとなるか、胸の内で分かっている人などいない。というのも、しばしば人は、悪しきことをなそうと思ってよきことをなすことがあり、よきことをなそうと思って悪しきことをなすことがあるからだ。（『エレゲイア詩集』133-142）

どんな行動にも危険はつきもの。物事が始まったときには、その先どうなるかは誰にも分からない。（同 585-586）

［11］ 原文は、「φυᾷ δ' ἕκαστος διαφέρομεν βιοτὰν λαχόντες《ラコンテス》」。「運命づけられている」は、「くじで割り当てられている」とも訳せる。

とても難しいのは、まだ行ってない行為の結末について
神がそれをどう成し遂げるおつもりかを知ることだ。
なぜなら闇が広がっているからだ。そして来たるべき未来を前にして
どうしようもないことがどう終わるかは、死すべき人間には分からないのだ。（同1075–1078）

ある者の人生は破滅へと転落し、別の者の人生には利益が転がり込む。そして、その原因は彼ら自身にはないとテオグニスは言う。彼によれば、すべては神々の心づもり次第であり、しかも、その神意の中身を人は知ることができない。たとえば、人のためを思ってやったことが逆効果になり、悪い結果をもたらしてしまうことがある。また、反対に、悪意をもってやったことなのに、結果として人に喜ばれてしまった、ということも起こりうる。行動を起こし、それがどのような結果を招くかは誰にも分からない。未来には闇が広がっている。そう彼は続けている。

†テオグニス②――神はなぜ因果応報の秩序をもたらしてくれないのか

しかし、個々の行為の帰結や人生の結末が、もしも本当に神々の心づもり次第なのだと

したら、彼らを崇め、祈りと供物を捧げたならば、願いを聞き届けてくれる可能性もあるのではないか。神々の力がそれほど強大であるのなら、自分だけを贔屓して利益を誘導してくれるということはなくとも、公正な秩序をもった安定した世界を実現してくれてもよいではないか。善いことをしようと思った人には善い結果を、悪いことをしようと思った人には悪い結果を与えればよいではないか。善人には報酬を、悪人には報復を与え、災厄に見舞われた人にはそれを埋め合わせる幸福をもたらしてくれればよいではないか。

実際、神々の王ゼウスを信奉するテオグニスは、そうした因果応報の実現をゼウスにたびたび祈願している（同 337-340；341-350；731-740）。しかし、現実は現実である。彼の目の前の世界は相変わらず理不尽なままであり、個々の人生の禍福は運次第であるように見える。このことを彼は次のように嘆く。

心があさましいのに運《ダイモーン》に恵まれた者が実に多い。
こういう連中には、失敗に見えたことが成功に転じる。
だがその一方、志は見事ながらも、運に恵まれず、
あくせく苦労しているのに、最後に結果を出せない人たちもいる。（同 161-164）

運《ダイモーン》と関係なしに裕福になったり貧乏になったり、
賤民になったり貴族になったりする者など、一人もいない。[12]（同165–166）

そして、彼はこの不満を、ゼウスに対してこうぶつけるに至る。

……今や、罪を犯している者が罰を逃れ、別の人が次に不幸を身に受ける。
そしてこんなことが、不死なる神々の王〔ゼウス〕よ、どうして正しいのでしょうか、
不正な行いに関与することなく、
不法行為も行わず、罪ある誓い〔偽証〕を立てたこともない
清廉の士が不正を被るということが。
こういう人を見て、
不死なる神々を畏敬する者などいるでしょうか。それに、人はどう思うでしょうか、
邪《よこしま》で傍若無人の男が人の
怒りも神の怒りもものともせずに
暴力を振るい、金もたっぷりある。それなのに正しい人々の方は
疲労困憊してひどい貧窮に悩んでいるとすれば、人はどう思うでしょうか？（同

741-752）

テオグニスは元々は裕福な貴族の出身だったが、中産階級が経済的にも政治的にも興隆するなかで没落した身と伝えられている。右の引用は、彼が襲われた過酷な現実に即した、切実な問いと言えるだろう。ただ、彼のそうした個人的事情を差し引いても、この問いは普遍性をもっている。

現実のこの世界では、清廉潔白で正義を貫く人がひどい貧窮に悩むこともあれば、不正や暴力を重ねる邪な輩が富を得ることもある。「しばしば愚か者に名声がついて回り、悪人でさえ誉れを手にすることがある」（同 665-666）。もし、この世界が全能で賢明なる神によって統べられているのだとしたら、どうしてそのような理不尽で不公正な事態があふ

〔12〕　この二篇の詩で「運」と訳した「ダイモーン」は、先に本文でも触れた通り、「運命」とも、それを司る「神」「神霊」とも訳せる。たとえば、『エレゲイア詩集』全篇を邦訳した西村賀子は、前者の詩（161-164）の「ダイモーン」には「運」を、後者の詩（165-166）の「ダイモーン」には「神霊」を充てて訳し分けている。また、イギリスの古典文学者J・M・エドモンズは、どちらも「fortune」と訳している（Edmonds, *Elegy and Iambus*, p. 249）。

れているのか。この問いは、次の第Ⅱ部で取り上げる哲学者セネカ（前四頃－後六五）らストア派の議論（本書189－192頁）に直結するし、さらに時代を下れば、ライプニッツ（一六四六－一七一六）が試みた弁神論（神義論）、すなわち、この世界に悪が存在することに対して全知全能至善の創造主たるキリスト教の神を弁護する議論にもつながっていく。

†絶望、あるいは、飄々と耐えること

ともあれ、ここではテオグニスの詩に集中しよう。彼自身はこの問いをどう消化しているのだろうか。彼が至ったのは、一方では絶望である。そもそもこの世界に生まれないこと、それが人間にとって最善であり、生まれてしまった以上は速やかに死んでしまうのが次によいことだというのである。

地上にある人間にとって何よりもよいこと、それは生まれもせず
まばゆい陽の光も目にせぬこと
だが生まれた以上は、できるだけ早く冥府《ハデス》の門を通って、
うず高く積み重なる土の下に横たわること。（同 425-428）

しかし、テオグニスはこうした厭世的な人生観を吐露する一方で、抗えない運命を受けとめる別のかたちも示している。それが次の一節である。

何もかも幸せという人はいない。だが、優れた者は
不幸に遭っても耐え忍び、しかもなお、おくびにもそれを出さない。
かたや、劣った者は、順境であれ逆境であれ、
心を抑えるすべを知らない。(同 441-444)

運に恵まれても心が波立つことなく、また、逆境のなかでも耐え忍び、超然としていること、それこそが優れた者の証しであるとテオグニスは言う。運がどう転ぼうとも「飄々《ひょうひょう》と耐えること」(592)を、彼は勧めるのである。この種の思想は、以後の古代ギリシア哲学の展開において繰り返し立ち現れてくることになる。その具体的な消息も、次の第Ⅱ部で確認することができるだろう。

4 「テュケー」をめぐって

†テュケー――「偶然」に重心を置く運の概念

ここまで見てきたモイラやアイサ、ラコス、ダイモーンといった言葉はどれも、偶然の出来事や作用という意味が当てはまるケースもあるとはいえ、基本的に、必然的な運命というニュアンスが強い言葉だと言える。

他方で、古代ギリシア語には、「運命」という意味合いも帯びつつ、「偶然」の領域に深く根を下ろした言葉も存在する。「テュケー（*τύχη*）」である。

この言葉の派生元の動詞「テュンカノー（*τυγχάνω*）」は、「たまたまある場所にいる」、「行き当たる」、「出会う」、「達する」、「成功する」といったことを意味する。それに見合って、名詞「テュケー」も、主として「偶然」、「偶発事」、「運（幸運および不運）」、「僥倖」、「幸せ」等の意味をもち、また、そこから、「運命」、「巡り合わせ」、「神の定め（計らい、仕業）」といった意味へも展開している。

†運や偶然に対応するテュケー

たとえば、ホメロスの『イリアス』では、ゼウスの妻のヘラが、「人間どもはテュケーのままに、死ぬなり生きるなりさせておくほかはない」(8. 429) と語る場面がある。このテュケーは、「偶然」とも「運」とも訳すことができる。

また、テオグニスの『エレゲイア詩集』では、「他人より、勇気が抜きん出ることを祈るな、ポリュパオスの子よ。／富についても同じこと。人にあるのはただテュケーのみ」(129–130) という一節がある。このテュケーも「運」と訳すのが適当だろう。[13]

同様の用法として、もうひとつ、ピンダロスの「イストミア祝勝歌集」のなかから、次の一節を挙げておこう。

とはいえ、闘いはしても、
結果が出るまではテュケーははっきりしない。

[13] 前掲の西村訳では、このテュケーは「運」と訳されており（一二九頁)、エドモンズ訳では「fortune」と訳されている (p. 242)。

それは禍も福も与える。
優れた人に対しても、劣った者の技巧が捕え、
倒すことがあるものだ。（「イストミア祝勝歌集」4. 32-35）

たとえばスポーツで、あるいはその他の競技や争い事で、弱い方が運よく強い方に勝つということはときに起こりうるし、そうした偶々《たまたま》の出来事を、前もって予測することは困難だ。「テュケー」という言葉は、そうした運や偶然を表現するのに最もよく馴染むギリシア語なのである。

†テュケーの神格化

そして、モイラやアイサ等と同様、テュケーもときに擬人化・神格化がなされているが、その場合には「運命の女神」として登場するのが通例である。ここで、本書ではじめて哲学者をめぐる言い伝えを紹介しよう。後年の哲学史家ディオゲネス・ラエルティオス（後三世紀頃）が伝えるところによれば、しばしば哲学の始祖と見なされる[14]タレス（前六二四頃－五四六頃）は次のように語ったという。

私が運命の女神《テュケー》（*Τύχη*）に感謝する三つの事柄がある。一つ目は、獣ではなく人間に生まれたこと。二つ目は、女ではなく男に生まれたこと。三つ目は、バルバロイ〔異民族〕ではなくギリシア人に生まれたことだ。[15]（『ギリシア哲学者列伝』1.33）

また、ピンダロスの「オリュンピア祝勝歌集」にも、運命の女神としてのテュケーに言及する一節がある。

……救済者運命の女神《テュケー》よ、ヒメラ市を守護し栄えさせたまえ。
……地上の者はまだ誰一人として、起こるであろう出来事の確かなしるしを神々から得たことはない。

---

〔14〕「タレスは、あの知の愛求〔哲学〕の始祖であるが、『水』がそれ〔万物の原理〕であると言っている」（アリストテレス『形而上学』983b20）。

〔15〕ただし、この言は、ディオゲネス・ラエルティオスが他の文献から孫引きしているものであり、しかも、彼自身がこれはソクラテスの言葉という説もあることわりを入れていることから、真偽不明の伝説として扱うのが適当だろう。

未来を知ろうとしても人間には見えない。
それゆえ、多くのことが人間の思惑に反して生じるものだ……（「オリュンピア祝勝歌集」12. 1-10）

右の詩においてテュケーは、一個人のみならず都市全体を守るべき強大な神として称揚されているが、その神への祈願と対をなすように、人間が未来を見通すことの不可能性が強調されている。運がもたらす影響の大きさと、その不確実さとが、非常に象徴的に描かれている一節だと言えるだろう。

†悲劇『オイディプス王』のあらすじ

そして、このテュケーという言葉をめぐっては、決して避けて通れない作品がある。ソポクレス（前四九六頃－四〇六）が生み出したギリシア悲劇の最高峰『オイディプス王』である。この物語にはテュケーという言葉が多様な意味を担いながら頻出するが、作者ソポクレスはまさにそのテュケーの多面性を駆使することによって、偶然と必然のはざまで翻弄される人間の姿を見事に描いている。

これから以上の点を詳しく確認していくが、その前にまず、この物語のあらすじを簡単に確認しておこう。

ギリシアの都市国家のひとつテバイの王ライオスは、あるとき神託（神のお告げ）により、自分がやがて息子によって殺され、その息子と自分の妻（つまり息子にとっての母親）が交わって子をなす、という運命を知る。

ライオスはこの運命を避けるために、まだ赤ん坊の息子を殺すように従者に命じた。従者は殺すに忍びず、山に捨て、殺したと嘘の報告をした。生き延びたその子は隣国コリントスの王夫妻に拾われ、彼らの息子として育てられた。

それから時が経ち、オイディプスと名づけられたその子は立派な青年に成長した。彼はあるとき、神アポロンを祭るデルポイの神殿に赴き、自分がやがて父を殺し、母と交わって子を成す、という神託を受ける。彼はこの神託の「父母」をコリント王夫妻のことだと勘違いし、運命を避けるためにコリントを去ることにした。

その頃テバイでは、近隣にスフィンクスという怪物が出現し、旅人に謎を出しては、答えられない者を襲い、喰らっていた。ライオスはその対処法について神託を得るため、数人の従者とともに外出した。彼らは道中の三叉路で、偶然通りかかったオイディプスと行き会う。彼らはオイディプスに荒々しい態度をとり、さらには道から押しのけた。

怒ったオイディプスは彼らに反撃し、両者の争いがエスカレートした。その末にオイディプスは、彼らの名も知らぬままに殺してしまう。

その後オイディプスは、スフィンクスと出会い、出された謎を解いてこの怪物を倒し、その足でテバイへと向かった。王の死で混乱するテバイでは、摂政クレオンが国を守っていた。クレオンは、怪物を倒した若者オイディプスの登場に喜び、先王ライオスの後継に彼を指名し、先王の妻イオカステを彼に娶らせた。二人の間には男女二人ずつの子が生まれた。

オイディプスがテバイの王となってから、不作や疫病が続いていた。クレオンがデルポイの神殿に赴くと、不作と疫病はライオスが殺されて血が流された穢れのためであるから、殺害者を捕らえてテバイから追放すれば治まる、という神託を得る。そこでオイディプスは、ライオス殺害者を捜して罰する旨の布告を出すほか、高名な盲目の予言者テイレシアスの助けを仰ぐ。呼び出されたテイレシアスは、三叉路でライオスを殺したのはほかならぬオイディプス自身だと述べるが、このときはまだオイディプスはテイレシアスの言葉を信じることはなかった。

やがて、ライオスが殺害された際の生き残りの従者が、オイディプスのもとに連れて来られた。この従者は奇しくも、かつてオイディプスを山中に捨てる事を命じられた従者と同じ人物であった。従者は真実を話すことを渋っていたが、オイディプスに強く詰問され、すべてを伝えた。真実を知ったオイディプスは驚愕し、イオカステの元に走る。

しかし、彼よりも先に真実を悟っていたイオカステは、自室ですでに首を括って死んでいた。オイディプスは、自分の両目をイオカステのつけていたブローチで刺し、盲目となった。そして、自らをテバイから追放するようにクレオンに依頼し、宮殿を去り、荒野をさすらうのだった。

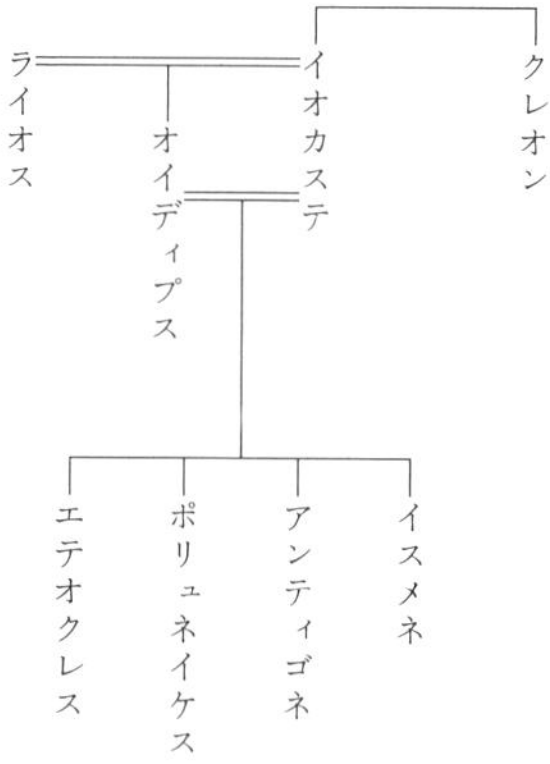

オイディプスをめぐる系図

このように、主人公オイディプスは、悪しき運命を避けようと願い、よかれと思って様々な対策を講じるが、それがことごとく裏目に出て、それと知らずに運命を成就させてしまう。まさにテオグニスが語った、「よきことをなそうと思って悪しきことをなすことがある」（本書55頁）という不運の典型例が、この物語だと言えるだろう。

†テュケーの多面性を駆使した物語

そして、先に触れた通り、この物語にはテュケーという言葉が数多く、しかも多様な意味合いで登場する。たとえば、不作と疫病が続くテバイを救うよう、神官がオイディプスに懇願する場面では、「あのとき幸先良いきざしのもとに、私どもにテュケーを与えてくだされた、その同じオイディプス王であることを、いまもまた示してくださいませ」(52-53)と語られる。この場合のテュケーは、「幸運」とも「幸せ」ともとれる意味合いを帯びている。

また、クレオンが神託を持ち帰るのを待つ場面でオイディプスは、「おお、我が主アポロン、どうかあの輝かしい顔つきそのままの、輝かしい救いのテュケーを、彼が持ち帰りますように」(80-81)と、期待を膨らませる。神を称えるこの場面でのテュケーは、「運命」と訳すのが適当だろう。

ほかにも、三叉路の事件についてオイディプスが、「それは誰に起こったこと《テュケー》なのか」(同102)と尋ねる場面や、「それは確かに思いがけない出来事《テュケー》だった……」(同774-775)と回想する場面がある。これは、「偶発的な出来事」と「必然的な運命」という両極端の意味を併せもつテュケーという言葉が、極めて効果的に用いられている場面だと言える。

つまり、まだ真実を知らない段階のオイディプスにとっては、三叉路の事件はたんに偶然《テュケー》起こった出来事に過ぎないが、実はそれが、父を殺すという恐ろしい運命《テュケー》の成就であった。このアイロニカルな展開が、劇中ではテュケーという一語によって表現されている。別の場面で彼は、「恵みぶかき運命の女神《テュケー》の子をもって自ら任じるこの私は、決して何ものによっても辱められることはないだろう」（同 1080–1081）と誇るが、この「テュケーの子」という呼び名がいかに皮肉なものであるかを、彼は後で知ることになるのである。

このテュケーという言葉をめぐっては、オイディプスの母であり妻でもあるイオカステによる有名な台詞もある。真実に薄々気づき始めたイオカステは、これ以上神託のことを気にしないようオイディプスを諭し、次のように語りかける。

> 恐れてみたとて人間の身に、何をどうすることができましょう。人間には、テュケーの支配がすべて。先のことなど何ひとつ、はっきりと見通せるものではありません。できるだけそのときどきの、成り行きに任せて生きるのが、最上の分別と申すもの。
> （同 977–979）

この刹那的とも言える人生観のなかにあらわれる「テュケーの支配」とは、「偶然の支配」

とも「運命の支配」とも訳すことができる。テュケーのそうした多面性を反映するかたちで、『オイディプス王』の物語は破滅的な真実の開示に向かって進んでいくことになるのである。

†終盤の展開――テュケーからダイモーンへの転換

そして、物語の終盤、オイディプスがついに真実を受けとめると、テュケーという言葉はぱたりと登場しなくなり、代わって、ダイモーンという言葉が頻出するようになる。たとえば、コロスによる次のような斉唱である。

ああ人の子の
無きに似た　そのいのち。
幸せを　得たと思えど
はかなくて　やがてまた
消えて行く　そのまぼろし。
いたましや　オイディプス王、
御身《おんみ》を見ては、

汝《なんじ》がダイモーンみては、
人の子を　幸ありとは　ゆめ思わじ。（同1186–1196）

また、オイディプス自身も、「おお　わがダイモーンよ、ひと跳《と》びに　どこへ私を連れてきたのだ？」（同1311）と嘆じる。これらの場面のダイモーンは、「運命」とも、あるいは「神」、「神霊」、「悪霊」などとも訳すことができるが、いずれにせよ、「偶然」とか「偶発事」といったニュアンスはこの場面では希薄である。川島重成が指摘するように、『偶然』のニュアンスを持つテュケーが、オイディプスの素姓の発見以前にくりかえし用いられるのに対して、ダイモーンは、それを否定する力として主に発見以後にテュケーに替わって登場人物たちの口にのぼる」（川島『アポロンの光と闇のもとに』一二六頁）。偶然に思えた数々の出来事が、突如、運命であったものとして目の前に立ち上がってくる衝撃。その劇的な転換の象徴が、この物語におけるテュケーとダイモーンの切り替わりだと川島は指摘するのである。（ただし、本書41頁や57–58頁で見たように、ダイモーンにも運や偶然のニュアンスがないわけではなく、ときにそのニュアンスが前面に出ることもある。つまり、テュケーとダイモーンの違いは微妙で繊細なものであり、そうであるがゆえに、この二つの言葉の切り替わりが物語のなかで自然なかたちで達成されていると言えるだろう。）

†過去形でのみ語りうるものとしての幸福

ところで、この物語の末尾、コロスが歌い上げる場面で、長らく姿を消したテュケーが一度だけ再登場している。その箇所を見てみよう。

おお、祖国テバイに住む人々よ、心してみよ、これぞオイディプス、
かつては名高き謎の解き手、権勢並ぶ者もなく、
町人《まちびと》は皆そのテュケーを、羨み仰ぎ見たものを、
ああ　何たる悲運の荒波に　呑まれて滅びたものか。
されば死すべき者の身は　はるかにその最期の日の見極めを待て。
何らの苦しみにも遭わずして　この世の際に至るまでは、
何人《なんびと》をも幸福と呼ぶなかれ。（同 1524–1530）

スフィンクスを倒し、王位を手に入れ、皆がそのテュケーを――すなわち、その幸運を、幸せを――羨んでいたオイディプスが、まさかこれほどの悲運に襲われるとは。その姿を見てしまっては、現在形で自他を幸福で*あ*る*と言うことは憚《はばか》られる。最期の日、この世を

去るその瞬間に至ってようやく、過去形で幸福だったと振り返ることができるだけだ。コロスがそう嘆じると同時に、劇の幕は下りる。

作者ソポクレスは他の作品でも、同様の人生観を示している。たとえば、オイディプスの娘を主人公にした『アンティゴネ』では、ある登場人物に次のように語らせている。

人間の一生というものは、もう決まったものとして、褒めたりけなしたりすることはできないでしょう。というのも、幸いな人も不幸な人も、運《テユケー》がもり立て、また運《テユケー》が突き落とすのが世の常ですから。今ある境遇の一寸先を予言できる者など人間にはおりません。（『アンティゴネ』1155–1160）

また、『トラキスの女たち』の冒頭でもソポクレスは、「人の一生は死ぬまでそのよし悪しは分からない」という一節を、古来伝わることわざとして掲げている。中国のことわざ「人間万事塞翁《さいおう》が馬[16]」とも共通するようなこの人生観は、実際、古代ギリシアで広く行き

[16] 古代中国の次のような故事に由来することわざ。——辺境の塞《とりで》に住んでいた老人の馬がある日逃げてしまった。しかし、後にその馬は良い馬を連れて帰ってきた。さらに後日、その良い馬に乗っていた老人の子が落

渡っていたものだと思われる。たとえば、歴史家のヘロドトス（前五世紀頃）は、ある国の王に対してギリシア七賢人の一人ソロン（前六三九頃－五五九頃）が次のように語ったという逸話を書き記している。

……人間の生涯はすべてこれ運[17]なのでございます。

……あなたが結構な御生涯を終えられたことを知るまでは、私としましてはまだ何も申し上げられません。どれほど富裕な者であろうとも、万事結構ずくめで一生を終える運に恵まれませぬ限り、その日暮らしの者より幸福であるとは決して申せません。

……人間死ぬまでは、幸運[18]な人とは呼んでも、幸福な人と申すのは差し控えねばなりません。

……いかなる事柄についても、それがどのようになっていくのか、その結末を見極めるのが肝心でございます。神に幸福を垣間見させてもらった末、一転して奈落に突き落とされた人間はいくらでもいるのでございますから。（ヘロドトス『歴史』1.32）

人生の禍福が運に大きく左右されること、特にオイディプスのように、どれほど地位と名誉を得ても一瞬ですべてを失いうるという過酷さは、すでに見た通り（本書60頁）、たとえばテオグニスの極めて厭世的な人生観につながっている。ソポクレスもまた、『オイディプス王』の後日譚である『コロノスのオイディプス』において、テオグニスと全く同じ見解をコロスに歌わせている。

この世に生を受けないのが、
すべてにまして、一番よいこと、
生まれたからには、来たところ、

馬し、足が不自由になってしまった。けれども、そのために子は後日兵役を免れ、戦死せずに済んだ。

[17] ここで「運」と訳したのは、原文では「テュケー」ではなく「シュンポーラ（συμφορά）」であるが、テュケーと同様に、偶発的な出来事、偶然、運、運命、巡り合わせ、境遇、成り行き、不運、不幸、幸運、幸せ、等々を意味する。

[18] ここで「幸運な」と訳したのは、原文では「エウテュケス（εὐτυχής）」、つまり、「よいテュケーの」である。

そこへ速やかに赴くのが、次によいことだ。(『コロノスのオイディプス』1225–1228)

ただし、ソポクレスの描くオイディプスは、ただ運命に翻弄され、流され、我が身の不運を嘆くだけではない。彼は、無力な運・運命《テュケー》の子として打ちのめされながら、なおかつ、一個の人間として、自らの意志で屹立することを諦めない人間として立ち現れている。本章の最後にこの点を確認しておきたい。

5 無力さのなかでもがく人間

†「緩い」決定論

もし、自分を待ち受ける運命を知ってしまったら、人はどうするだろう。

テバイの王ライオスとその子オイディプスは、どちらも運命に抗する道を選んだ。ライオスは我が子を殺すよう従者に命じた。オイディプスは両親の許を離れて旅立った。しかし、最高神ゼウスですら抗いがたい運命の力が、人間を取り逃がすことはない。むしろ、人間が無駄足掻きをすることで、運命はしばしばより悪いかたちで成就しているようにも見える。この皮肉な構造は、すでにホメロスの『オデュッセイア』冒頭近くで、ゼウスの口を借りて指摘されていることである。

いやはや、人間どもが神々のせいにして責めるとは、なんたる不埒な心がけであろう。禍いは我らのせいで起こるなどと申しておるが、実は自らの無分別ゆえに、定められた運命を超えて（受けずともよい）苦難を招いておるのだ。（ホメロス『オデュッセイア』1. 32-34）

この一節から窺えるのは、ホメロスにとって運命とは、ある種の幅ないし緩さを含むものだということである。世界のあらゆる作用が（たとえば自然法則などによって）あらかじめ決められているとする厳密な決定論とは異なり、ホメロスの運命観——いわば「緩い」決定論——においては、おおまかな帰結は予定されているものの（たとえば、誰それが戦死するといったこと）、そこへ向かうルートがどのようなものであるかや、その帰結に伴って何が生じるかについては、はっきりと決まっているわけではない。むしろそこに、人間の意志と行為が影響を与える余地が認められているのである。[19]

†運命を回避できるという驕りに基づく愚行

そして、ソポクレスの描くオイディプスの道行きも、その種の「緩い」決定論の範疇で解釈することができるかもしれない。すなわち、神託を受け入れて素直に運命に従っていればよいものを、運命を避けようとして無分別な行為に及んだ末に、定められた帰結に至るだけでなく、余計な苦難まで背負い込むことになった、という見方である。

この見方を採るなら、彼の道行きは次のような愚行としてまとめられるだろう。まず彼は、運命を回避できると驕《おご》り、自分では賢明と信じた行為によって回避できたと確信した。そのあげく、ライオス殺害者をテバイから追放すると自信満々で宣言したために、結局のところ自らを追放させる羽目になった。そして何よりも、自分の確信と真実とのあまりの落差に、受けとめきれないほどのショックを受け、母であり妻であるイオカステも失って、自らも両目を潰すに至った。運命はそこまで定めていなかった。神託にあったのは、父を殺し、母と交わって子をなす、ということのみだった。つまり、受けずともよい苦難を、彼は自ら招いたのだ、と。

†「これは私がしたことだ」

しかし、それは裏を返せば、彼が自分の意志による爪痕を世界に残したということでもある。三叉路で従者もろともライオスを打ち殺し、テバイの王としてイオカステを妃に迎えるという具体的なルートは、彼の意志によって生まれたものであり、そして、運命の成就に伴って生じた様々な出来事も、彼の意志と行為に由来している——そう解釈することもできるのである。とりわけ、我が目を潰すという行為に関しては、それがほかならぬ自分の意志によるものであることを、彼ははっきりと宣言している。

アポロンだ、友よ、アポロンだ、この
私のにがいにがい苦しみを成就させたのは。

[19]　もっとも、古代ギリシアの文学作品、とりわけホメロスの作品のなかに「意志（will）」や「意図（intention）」等に該当する概念を見出すことはできない——つまり、ホメロスの描くアキレウスやオデュッセウスやゼウスらは、自分で決断する意志等をもたない——と主張する論者は数多く存在する。バーナード・ウィリアムズはこれに反論して、そもそもこの種の概念を適用することなしに、ホメロスの作品中の人物や神の行動を理解することは不可能だと指摘している。Williams, *Shame and Necessity*, Ch. 2 の、特に p. 28 以降を参照してほしい。

だが目をえぐったのは、誰でもない、不幸なこの私の手だ。(『オイディプス王』1329–1334)

我が目を潰すというのは、何も真実を見通せていなかった自分を責める行為、あるいは単なる錯乱と考えるのが自然だろうし、「目が見えたとて　何になったろう、見てたのしいものは　何ひとつないのに」(同1335–1336)と彼自身が語るように、この世界に対する幻滅――もう何も見たくないという絶望――としても捉えられる。いずれにせよ、この行為が一方では暗い愚行であることは間違いない。しかし、他方では、この行為はどこかしら不思議な晴れやかさも纏《まと》っている。私の人生はこれまで神アポロンの意のままに進んだものに過ぎなかったが、これだけは違う。我が目を潰すというこの行為だけは私の意志でしたのだ。そうした意地、あるいはなけなしの気概のようなものが、「目をえぐったのは、誰でもない、不幸なこの私の手だ」という彼の言葉にはあらわれている。

もちろん、彼がこの行為をなしたことも、それから、三叉路で行ったことなどもすべて、あらかじめ決定されていたと解釈することも可能である。すなわち、厳密な決定論の枠組みでオイディプスのあらゆる道行きを捉えることもできる。しかし、ここで重要だと思われるのは、その愚かな行為が、少なくとも彼自身にとっては、運命の縛りから――たとえわずかでも、束の間であっても——自らを解き放つものだったということである。

†人間を描いた物語としての『オイディプス王』

また、もう一点注目すべきなのは、この物語において「盲目である」というのは、むしろ真実を見通す力能を示している、ということである。物語の中盤で登場する予言者テイレシアスはまさにその象徴である。盲目の彼が語る言葉を、オイディプスはまるで信用しない。そして終盤では、真実を悟ったオイディプスが、今度は光を失った者となる。その時点ではじめて彼は、物事の見かけに惑わされず、真実をそれとして受けとめる者となったのである。

『オイディプス王』では、その全篇にわたって、ひとつの行為がしばしば両義性をもって立ち現れている。運命の回避を意味するはずの行為が、むしろ運命の成就を意味していたり、オイディプスが自らの強さや聡明さを誇る行為が、かえってその弱さや愚かさを示していたりする、という具合である。この構造が、我が目を潰すという行為にも通底している。つまり、そのみじめな愚行は、他面では、かろうじて彼に、自分自身の意志の働きを実感させ、また、彼のいわば内なる目を開かせる契機ともなったのである。

総じて、ソポクレスはオイディプスを描くことで、人間を描いたのだと言えるだろう。

ソポクレスにとって、人間と世界との関係は、秩序や調和に満ちたものではない。むしろ、人間にとって世界の多くの部分は見通すこともコントロールすることもできず、運命（運）にどうしても翻弄される。しかし、それでも、ただ成り行きに従って流れるのではなく、ときに気高く賢い仕方で、ときに弱く馬鹿げた仕方で、もがきながら対処し続けようとするオイディプスの姿に、我々はまさに人間らしさ、人間臭さを見て取るだろう。言い換えれば、傲慢で、ナイーブで、強靭で、脆い、その姿に、人間ならではの愚かさと同時に、ある種の偉大さを見出すだろう。それは、ときに運命をも司る神のもつ偉大さではない。

＊＊＊

本章では、モイラやダイモーン、テュケーといった古代ギリシアの言葉の奥行きと、これらの言葉にまつわる当時のギリシア人の思考について、プラトン以前の文学作品を参照しつつ辿ってきた。

それらの言葉が、日本語の「運」や英語の「luck」「fortune」等と共通する特徴をもつことは、もはや言うまでもないだろう。すなわち、偶然と必然という相反する要素を内包するという特徴である。たとえば、モイラは、くじ引きに象徴されるような偶然の賜物による割り当てという意味を元来もちつつ、運命による決定という必然的なニュアンスを強く含んでいる。他方、テュケーも、しばしば運命の意味をもつが、こちらはむしろ、偶発事や出会いといった偶然的なニュアンスを帯びる場合が多い。

そして、いずれにせよ、古代ギリシアの文学作品上で繰り返し描かれているのは、モイラやテュケー等々——運、運命——の見通せなさ、気まぐれさであり、「自業自得」や「因果応報」といった安定した秩序が世界に見出せないという事態である。

人生の禍福が運（運命）次第であること、とりわけ、善人や英雄にも容赦なく破滅的な不幸が訪れることを痛感したテオグニスには、一方では、〈人はこの世に生まれてこないのが最善である〉という世界観を示し、他方では、〈運がどう転ぼうとも飄々と耐える〉という人生の構えを勧めてみせる。ソポクレスも同様の厭世的な世界観や、〈人の禍福は死に際に至るまで判定できない〉という人生観を書き記しつつ、無力さのなかでもがく人間の愚かで気高い姿を描きとり、以後およそ二千五百年以上にわたって世界の人々の心を揺り動かし続ける傑作を生み出した。

このように、少なくともソポクレスの生きた前五世紀の時代まで、古代ギリシアを代表する文学作品の多くは、運（運命）を人生にとって重要な問題として意識するものだった。先を見通せず、脆い世界——はかれない、はかない世界——のなかで翻弄される人間の卑小さと偉大さとを、ともに見つめるものだった。では、主としてそれ以降の時代に隆盛を誇るようになった哲学ではどうなのだろうか。次の第Ⅱ部では、その消息を追っていくことにしよう。

第Ⅱ部

「運」をめぐる倫理学史

——古代から近代までの一断面

第3章 徳と幸福の一致を求めて――アリストテレス以前

1 無知の言い訳としての偶然、運――デモクリトスの場合

†始原の哲学――自然哲学

アリストテレス（前三八四―三二二）によれば、知を愛し求めること《フィロソフィア》（φιλοσοφία）としての「哲学」は、前六世紀頃、エーゲ海の周辺の地域で、万物の原理を探究する営みとして始まった[20]。そしてその内実は、万物がそれから生成し、それへと消滅していく根源とは何か、すなわち、万物の構成要素ないし素材とは何か、という探究だった（『形而上学』983b6–10）。

この説明に従うなら、哲学とは元々、一切が移ろいゆく無常なこの世界にあって滅びることのない常なるものを探し求める営みだったことになる。そのものを、たとえばある者

は「水」だと言い、別の者は「空気」や「火」などと言った。

いずれにせよ、アリストテレスの哲学史観が正しいとすれば、そうした始原の哲学者たち（タレス、アナクシメネス、ヘラクレイトス等々）が眼差しを向けていたのは、主として自然現象だった。彼らは多様な自然現象を注意深く観察し、その根源にある共通の原理を見出そうと試みた。その意味で、「自然哲学」とも呼ばれる彼らの探究はむしろ、自然科学的な探究の源流に位置すると言っていい。ただし、彼ら自身の手になる著作はすべて失われており、後世の人々による証言や引用などによって、間接的にそれぞれの思想を知りうるのみである。

†原子論者・決定論者デモクリトス

古代ギリシアの都市国家アブデラの出身であるデモクリトス（前五世紀頃）は、一般的

［20］ 古代ギリシア哲学がいかにして始まったかについては異見も多く、論者によっては、アナクシマンドロスやピタゴラス、パルメニデス、あるいはソクラテスなど、様々な哲学者が「最初の哲学者」に挙げられる。それらの論拠を解説し、古代ギリシア哲学史を多様な視点から捉える必要性を説いた論文に、納富「始まりを問う哲学史」がある。

にはその種の伝承上の自然哲学者に数え入れられる一人である。彼は、師のレウキッポスとともに原子論を打ち立てたとされている。すなわち、これ以上分割できない大きさのものたち――彼らはそれを原子（アトモン、アトモス）[21]と呼ぶ――が結合することで万物が生成し、また、それらが分解することで万物が消滅する、という立場である。[22]

本書のテーマにとって重要なのは、デモクリトスが原子のそうした結合と分解の運動を必然的な作用として捉えているという点である。運動それ自体の発生は偶発的なものだが、[23]その後に原子がどう結合し分解していくかということにはすべて原因があり、その意味で必然的な作用と見なせる、ということである。たとえば、アリストテレスはこう伝えている。

デモクリトスは、目的となるものを論ずることをせずに、自然が関わっているすべての事柄を必然《アナンケー》に帰している。（『ソクラテス以前哲学者断片集』第四分冊・七〇頁／A66）

言い換えれば、「いかなるものも偶然によっては生じず、偶発的あるいは偶然に生ずると言われる物事のすべてについて、何らかの確たる原因が存する」（同七一頁／A68）という決定論的な立場をデモクリトスが採っていたというのである。別の証言でも、同様の説が彼に帰されている。

〔デモクリトスによれば〕無限の時間を遡った以前から、全体くまなく「かつて生じたものも、現にあるものも、これから生ずるべきものも」すべてのものは一様に必然によってあらかじめ決定されているのである。（同五四頁／A39）

†「偶然」としての運の追放

この世界観からすれば、原子の運動の一部である人間の生にも、偶然というものは存在

[21]「アトモン（ἄτομον）」「アトモス（ἄτομος）」は、たとえば英語の「atom（原子）」の語源になっている。

[22] デモクリトスの思想、とりわけ彼とレウキッポスの原子論についてのより詳しい解説としては、さしあたり、三浦「エレア学派と多元論者たち」二一六－二三二頁を参照してほしい。

[23] アリストテレスの証言では、世界のはじまりとその後の展開についてデモクリトスは、「偶発的に渦巻と運動が生じて、それによる分離のはたらきによって万有は現にあるような秩序づけを与えられた」（同七一－七二頁／A69）と考えていた。

しない。それゆえ、世の人々は、自分たちには原因が分からないものを偶然と言っているに過ぎない、ということになる。実際、後世のある証言では彼は、人間たちの生から偶然を追放し、偶然を崇拝する者たちを無知な者として論難している、と評されている（同一八九頁／B118）。また、彼自身、次のような一節を書き記したとも伝えられている。

> 人間たちは運《テュケー》の像を自分の考えのなさの言い訳としてこしらえあげた。というのも、運はまれに思慮と争うけれど、人生においてたいていのものは鋭敏な洞察がまっすぐにするのだから。[24]（同一九〇頁／〔B119〕）

第I部で詳しく見たように、運という概念は、「偶発事」といった偶然的な作用を表す意味合いに比較的傾斜しつつも、「運命」や「神の定め」等の必然的な作用という、相反する意味合いも内包している言葉である。（その点は、日本語の「運《うん》」という言葉であっても、英語の「luck」や「fortune」といった言葉であっても、さらには古典ギリシア語の「テュケー」という言葉であっても変わらない。）他方、デモクリトスが、「人間たちは運《テュケー》の像を自分の考えのなさの言い訳としてこしらえあげた」と言う際には、運という概念を偶然的な作用としてのみ捉えたうえで、運（偶然）が客観的に存在することを認めず、一切を必然的な作用として把握していると言えるだろう。

原子論と決定論を唱えた自然哲学者として知られるデモクリトスだが、彼が自身の著作に記した言葉として伝わっているものの大半は、実は道徳や倫理にかかわる見解や、あるべき生き方をめぐる考察の類《たぐ》いである。[25] そして、いまの引用にあるように、彼は人生というものを、深い思慮と鋭敏な洞察によって切り拓かれるべきものと考えており、偶然に任せて怠惰に愚鈍に生活することを戒めている。運（偶然）の影響を云々するのは、自分の考えのなさや無知の言い訳に過ぎないというのである。

†「人生の目的とは幸福の実現であり、幸福とは快活さ・心の平静である」

では、運に頼らない生き方というのは、具体的にはどこに向かい、どのように進むべきものだと彼は考えているのだろうか。多くの証言が伝えるところでは、彼にとって人生の

［24］ デモクリトス自身の言葉とされるこの一節は、様々な資料を基に後世の編纂者たちが再構成したものであり、このままのかたちで現存しているわけではない。

［25］ この点は、ソクラテスが展開した思考を倫理学のはじまりと捉える見解――たとえば、『トゥスクルム荘対談集』5.10 におけるキケロの記述など――に疑問符をつけるものだとも言える。

目的は幸福を実現することにほかならない。この考え方自体は古今東西に見られるごくありふれたものだが、肝心なのは、幸福とは具体的にどういうことを指すのかという、その中身である。デモクリトスによれば、幸福であるというのは、快活であること、あるいは、自己の心ないし魂が穏やかであること、物事に動じず落ち着いていること、平静であること、魂が調和や均衡で満たされていることである（同一三八−一三九、一四四−一四五頁）。たとえば、彼は次のように記したと伝えられている。

快活な人生を送りたいと思う者は、公私いずれにおいても、多くのことをやり過ぎてはならないし、何をするにしても自分自身の力と本性とを越えてそれを得ようとしてはならない。むしろ、幸運《テュケー》が舞い込み、その信頼により過度な多さへと自分を誘惑しようとするときでも、それを振り捨てて、自分の力に適う以上のものを摑まないように大いに留意すべきである。なぜならば、適度な多さは過度な多さよりも安全なものだからである。（同一四四頁／B3）

「度を超す」ということに対する戒めは、古代ギリシアの社会で古くから共有されてきたものだと思われる[26]。デモクリトスがその伝統的な教えを継ぎつつ強調しているのは、自分に本来備わる力でコントロールできるのはどこまでかを知る、ということの重要性である。自分の力を超えることをしたり、自分に余るものを求めたりしてはならない。自分の本性や分《ぶん》をわきまえ、たとえ幸運が舞い込んだとしても、動じず、落ち着いて、適度な財産や地位、名誉などを得るに留めるのがよい。快活な人生、すなわち、明るく朗らかに生きる、物事にこだわらない自在な境地は、そうした魂（心）の調和や均衡によって実現するのであり、またそれこそが人の幸福だということである。

†決定論的な世界観と、規範的な人生観・道徳観との次元の違い

ただし、人生というものに快活な人生という目的を設定し、そのために「適度な多さ」以上を求めないように努めるべしという、このデモクリトスの見解は、〈デモクリトスは目的となるものを論ずることをせずに、すべてを必然に帰している〉というアリストテレ

[26]　たとえばヘシオドスは、「程度をわきまえよ、何事も適度が最善」（『仕事と日』694）と教えている。それから、プラトンは『プロタゴラス』のなかで、ギリシア七賢人が「デルポイの神殿に赴き、『汝自身を知れ』と『度を超すなかれ』という万人に知られている句を書き記し、彼らの知恵の初物としてアポロンに奉納した」（343B）と述べている。

スらの証言と矛盾しないだろうか。人間もまた原子の集合であるのなら、その来し方行く末もあらかじめすでに決まっているはずであり、努力や意志によって目的に達したり達しなかったりするということはありえないのではないか。

断片的な伝承しか残されていないデモクリトスの議論のなかに、この問いに対する応答を探すことは難しい。とはいえ、少なくとも彼において、厳密に決定論的な世界観と自由意志の存在を前提にする規範的な人生観・道徳観とは、基本的に違う次元で捉えられていると言えるだろう。つまり、究極的には世界のあり方はどう捉えられるべきかという観点からすれば決定論が正しいことになるが、他方、我々がこの現実の社会においてどう生きるべきかという実践的な次元で見れば、個々の意志や心のもちようといった要素が自ずと必要になる、ということである。(ちなみに、この点をめぐっては、後の第5章で取り上げるストア派の思想においても問題になる。本書188―189頁を参照してほしい。[27])

†「不正を犯す人は、不正を犯される人よりも不幸」

また、本書で特に注目しておくべきことは、上記のデモクリトスの人生訓が、第I部で取り上げたテオグニスの勧め、すなわち、運に恵まれても心を波立たせず、逆境のなかでも飄々と耐えるべしという勧め(本書61頁)とよく似ているということである。

デモクリトスが何よりも重視するのは、平静で思慮深い魂のありようである。伝承によれば、彼は、「人間たちが幸福であるのは身体によってでも金銭によってでもなく、正しさと思慮深さによってである」（同一八〇頁／B40）と指摘し、また、「不正を犯す人は不正を犯される人よりも、もっと不幸」（同頁／B45）だと語っている。欲などに心乱され、冷静な思慮を働かせずに不正を犯す者は、不正を犯される人よりもむしろ不幸だというのである。むしろ、デモクリトスに従うなら、「精神の高邁さとは非礼を平然と耐えること」（同頁／B46）にこそよくあらわれることになる。彼は幸福を、身体的な快楽や財産の所有といったものではなく、精神の高邁さに、あるいは「魂の穏やかさ」（同一三九頁／B169）に求めるのである。

ところで、こうした彼の思想の変奏は、すぐ後の時代に活躍したある哲学者の著作にも見出すことができる。次のような一節である。

不正を犯す人のほうが不正を受ける人よりも、そして裁きを受けない人のほうが裁

［27］　さらに付け加えるなら、この点を主題に扱った議論としては、エピクロス派のそれも挙げるべきだろう。その詳細は、和田「エピクロスにおけるアトムの逸れと行為の自発性」などを参照してほしい。

きを受ける人よりも、もっと不幸である。（『ゴルギアス』479E）

この一節を記した人物とは、プラトンである。彼とその師であるソクラテスの議論について、これから見ていくことにしよう。

2 善き生き方への問い——ソクラテスとプラトンの逆説

†プラトンの著作の主人公としてのソクラテス

プラトン（前四二七―三四七）は、古代ギリシアの都市国家アテナイの名家に生まれた人物であり、早くから政治家としての将来を嘱望されていたという。彼にとって人生の契機になったのは、ソクラテス（前四七〇頃―三九九）に出会って師事し、その刑死に直面したことである。ソクラテスの深い影響の下で彼は哲学を志し、旺盛な研究と教育の活動を続け、数多くの著作を後世に残すことになる。

プラトンの大きな功績のひとつは、ソクラテスの哲学を不滅のものとした点にある。というのも、プラトンの著作の大半は、師ソクラテスを主人公とする対話篇（複数の登場人物間での対話の形式をとる作品）になっているからである。とりわけ、『ソクラテスの弁明』をはじめとする初期の著作群は、師の議論を比較的忠実に再現していると考えられており、自身は一切著述を行わなかったソクラテスの哲学の内容を窺い知る、極めて貴重な資料ともなっている。（なお、以上の事情により、これ以降、「ソクラテス」と呼ぶ人物は、正確には「プラトンの著作のなかの主人公ソクラテス」を指すので、その点を注意してほしい。[28]）

†福徳一致の思想

ソクラテスは、始原の哲学者たちのように天体運動などの自然現象の原理を探究するよりも、専ら《もっぱ》人間について、特にその生き方について問う哲学者として特徴づけられる。そうしたソクラテスの思想の骨格は、プラトン初期の対話篇『ゴルギアス』における次のような呼びかけによく表現されている。

〔ソクラテス曰《いわ》く、〕人は不正を受けることよりも、むしろ不正を犯すことの方を警戒

[28] ソクラテスの哲学について、プラトンだけではなく、クセノポンやアリストパネスらの著作等を駆使しながらその実像に迫る興味深い一書として、納富『哲学の誕生』がある。

しなければならない。また、人は何よりもまず、公私いずれにおいても、他人に善き人と思われるのではなく、実際に善き人であるように心がけなければならない。（プラトン『ゴルギアス』527B）

こう訴えるソクラテスにとって、善き人とは、思慮深さをはじめとする「徳」を備えている人である。「徳」の原語はギリシア語の「アレテー（ἀρετή）」であり、これは本来、あるものに固有の「卓越性」とか「優秀性」といったものの一般を意味する。たとえば、ナイフの徳《アレテー》とは鋭く切れることであり、馬の徳《アレテー》とは速く走れることだと言える。では、人間の徳《アレテー》とは何か。それは、思慮深さを備え、特に道徳や倫理の面で卓越していることを指すというのが、ソクラテスの考えなのである。

そして、彼によれば徳とは、「偶然のでたらめ」（同506D）によって備わるものではない。むしろ、魂に本来与えられている規律と秩序正しさと技術によって最もよいかたちで備わるものなのだと彼は強調している（同）。

さらに重要なのは、徳を完全に備えた人は幸福であると彼が言い切っている点である（同470E；507C–508B）。この、いわゆる「福徳一致」の思想は、たとえばテオグニスが人生に見て取ったものとは大きく異なっている。前章第3節で確認したように、テオグニスは、現実のこの世界では善人がときに不正を被り困窮する一方で、悪人が栄華を誇ることがあると嘆いていた（本書58頁）。

†二つの逆説

また、『ゴルギアス』におけるソクラテスの対話相手も、同様の観点から疑問を呈している。世間には、不正を犯していながら正義の裁きを受けず、むしろ幸福な人生を送る人間が数多くいるというのである（『ゴルギアス』469A-472D）。これに対してソクラテスは、不正を犯す者はどのみち不幸だが、「不正を犯していながら、裁きも受けず、罰にも処せられないなら、その方がもっと不幸である」（同472E）という逆説的な命題で返答し、相手を驚かせる。不正が露見し逮捕されて、磔《はりつけ》にされたり火炙りの刑にされたりするよりも、不正がばれずに名声や富を集める方がもっと不幸だというのか、と（同473C）。「世の中の誰ひとりとしてあなたに同意しないだろう」、そう批判する相手に対して、ソクラテスはさらに二種類の主張を展開して、自身の立場を補強しようとする。

（1）まず彼は、不正を受けるよりも不正を犯す方を選ぶ者は誰もいない、と主張する。なぜなら、不正を犯すことは不正を受けることに比べてより悪く醜いことであり、そして、より悪く醜い方を選択する者など誰もいないから、というのである（475D-E）。

病気の治療を受けるのは 当人にとって有益である	—	正義によって裁かれるのは 当人にとって有益である
人は医術によって 身体の劣悪さから解放される	—	人は裁判によって 魂の劣悪さから解放される
最初から病気にならないのが最も 幸福だが、 身体の劣悪さから解放されるのは その次に幸福である	—	最初から不正を犯さないのが最も 幸福だが、 魂の劣悪さから解放されるのは その次に幸福である

『ゴルギアス』における病気の治療と正義の裁きの類比

（2）続いて彼は、正義による裁きは、不正を犯した当人にとって有益である、と主張する。この主張の内実を示すために、彼は身体の病気との比喩を挙げている。病気の治療を受けるのは快いことではないが、当人にとって有益なこと、当人のためになることである。すなわち、医術によって人は病気という身体の劣悪な状態から解放され、それゆえ、身体に関して大きな悪から解放されることになる。もちろん、最初から病気にならないのが最も幸福だが、病気から解放されることはその次に幸福である。そして、同様のことが魂についても当てはまるとソクラテスは言う。不正を犯した者は、裁判（正義・司法）によって裁かれることで、魂の劣悪さから解放される。その点で、裁きを受けるのは当人にとって有益である。もちろん、最初から不正を犯さないのが最も幸福だが、裁きを受けることで魂の劣悪さから解放されることはその次に幸福である。逆に、不正を犯しながら裁きを受けないことは、当人のためにならず、それゆえ当人にとってより不幸である（476A–479E）。

ソクラテスは、この（1）と（2）の主張を展開することにより、〈不正を犯す人の方が不正を受ける人よりも、そして裁きを受けない人のほうが裁きを受ける人よりも、もっと不幸である〉という自身の立場の正しさが証明されたと宣言する。

†奇妙な論証と、その先に来るもの

しかし、この一連の論証は、少なくともこれだけを見れば明らかに奇妙である。まず、（1）に関して言えば、不正を受けるよりも不正を犯す方を選ぶ者はいないという主張が仮に正しいとしてみても、不正を受けるよりも不正を犯す方が不幸であるということが証明されているわけではない。

また、（2）の主張の要《かなめ》となるのは身体の病気と魂の不正の類比であるが、両者はぴったり対応するわけではない。まず、病気を患った者の多くは基本的に治療を受けることを望む一方で、不正を犯した者が自ら裁きを受けることを望むのは稀である。特に、良心の呵責を感じず、不正を犯すことで地位や財産などを得ることを臆面もなく目指し、その目的を達成した人——要するに、正真正銘の悪しき人——が、罰を受けて地位も財産も失うのは自分のためになると認めることはまずないだろう。もちろん、認めようが認めまいが、裁きを受けるのは当人のためになることだとソクラテスは言うだろう。しかし、その根拠は示されていない。むしろ、不正によって利益を得る者の魂は劣悪であり、魂が劣悪であることは不幸であるというのは、彼にとっては議論の前提になっていると言えるかもしれない。言い換えれば、そもそも悪しき人はなぜ不幸だと言えるのかという問いを、彼は議論の埒外に置いているのかもしれない[29]。

現代を代表する政治哲学者の一人ハンナ・アーレント（一九〇六―七五）は、以上のソクラテスの論証は「一瞬たりとも対話の相手を納得させることができない」（アーレント『責任と判断』一三七頁）と判定している。そして、彼女によれば、「対話の相手を説得するあらゆる試みが失敗に終わったことが明らかになってから」、「いわば理性的な推論に代わる手段として」（同一三九頁）、ソクラテスは先の論証とは全く異なる根拠を提示するに至る。それは、神話である。

実際、『ゴルギアス』という著作は、最後に一個の神話――「世にも美しき物語」（同523A）――が語られ、ほぼそのまま幕を下ろすことになる。では、その神話とはどのようなものなのだろうか。

3　「幸福者の島《マカロン・ネソイ》」と「奈落《タルタロス》」――プラトン『ゴルギアス』終盤の神話

†神話のあらすじ

不正を重ねて高い地位や莫大な富を得たにもかかわらず、それが一度も露見せず、裁きを受けぬまま何不自由ない生活を送り、長寿を全うした人物がいたとしよう。しかし、そのような人物でも結局、死後の裁きは免れない。それゆえ、「魂が数々の悪業で充たされたまま、ハデスの国に赴くのは〔つまり、死ぬのは〕、ありとあらゆる不幸のうちでも、最も酷い不幸である」（同522E）。そのことを証し立てるため、ソクラテスは次のような神

〔29〕　プラトンにおける福徳一致の議論の完成形は、議論の運びに問題が多いと思われるこの『ゴルギアス』第二部よりも、むしろ後の大著『国家』だと言えるだろう。ただし本書では、『国家』に関しては最終巻の神話の叙述のみに着目し、本書第2章で跡づけた前五世紀以前のギリシア神話からの変化を見届けることに注力している。そのため、プラトンの福徳一致論自体にさらに関心がある場合には、『国家』の特に第二－四巻および第八－九巻の議論もぜひ読んでみてほしい。

話を語り出す。これは作り話ではなく、真実だと強調しながら。

まず、人は死ぬと、身体と魂とに分離する。身体はそのまま朽ちていくが、魂は不滅であり、ゼウスの子たちが裁判官を務める法廷へと導かれる。そこで各々の魂は、生前の行いに応じて、「幸福者の島《マカロン・ネソイ》」と呼ばれる地か、あるいは「奈落《タルタロス》」と呼ばれる地のどちらかに行く判決を下されることになる。なお、その判決に際して裁判官は、各々の魂が生前誰であったか、また、どんな地位にあり、どんな人脈をもっていたか等々については何も知らない。代わりに、生前に不正を犯していれば、必ずそのことを見抜いてしまう。

さて、判決が下ると、一生を正しく、また、神々を敬って生活していた人の魂は、「幸福者の島」へと送られることになる。この島では、災厄とは無縁の全き平安のうちに日々を送ることになる。他方、不正を犯し、また、神々をないがしろにする一生を送った人の魂は、「奈落」へと送られ、相応の刑罰を受けることになる。

刑罰には「正当に処罰されることによって、当人が今後一層善い人間となり、それで利益を受けることになる」(同525B) ものと、それから、刑罰を見る人たちに警告を与え、一層善い人間になるよう促すという「見せしめ」(同) になるものがある。[30] とりわけ、極端な不正を行って、どんな刑罰を受けても魂の劣悪さから解放される見込みのない者たち――「不治の者たち」（同525C）――に対する刑罰は、後者の「見せしめ」の役割を専《もっぱ》ら果たす。

そして、そうした「不治の者」はたいてい身分の高い者、独裁僭主（不正な手段で政権を奪取した独裁者）、王、権力者たちである。なぜなら、「〔彼らのように〕不正を行う自由が大いにあるなかで育ちながら、一生を正しく送り通すというのは難しい」（同526A）からであり、その種の環境で長く暮らした結果、しばしば途方もない不正へと至るからである。逆に言えば、普通一般の市民の魂の方が「奈落」行きを免れやすいということである。また、「自己のなすべきことをなして、余計なことに手出しをしなかった、哲学者の魂」（同526C）を見ると、裁判官は特に感心をして、その魂を「幸福者の島」に送ることになる。

このようにソクラテスは、人は生前の行いの報いを死後必ず受けるという神話を語るこ

〔30〕このように、刑罰の役割を「当人の更生」と「第三者への警告」とに大別して捉える見方は、現代の刑法理論における「特別予防」と「一般予防」の区別とある程度類比させることができるだろう。

とによって、悪業を行った者が相応の裁きを受けぬまま死ぬのが最も不幸であることを示そうとしている。

†『ゴルギアス』の神話の独特さ

この神話が、はたしてアーレントの言うような、対話の相手を説得するあらゆる試みが失敗に終わったがゆえに持ち出された奥の手と言えるかどうかは、おそらく議論のあるところだろう。すなわち、「ソクラテスが語ることに納得がいかないのなら、この物語を信じることが望ましいと、〔著者プラトンが〕暗黙のうちに語りかけている」（アーレント『責任と判断』一三九頁）という風に解釈できるかどうかは定かではない。たとえば、プラトン自身は先に紹介した論証の妥当性を疑っておらず、より多くの人々が理解できる説明として神話を持ち出したのかもしれない。ただ、いずれにせよ興味深いのは、『ゴルギアス』という対話篇を締めくくるのに、プラトンが確かに上記のような神話を必要としたという事実である。

それから、この神話は完全にプラトンのオリジナルというわけではない。死後に魂は〈どこまでも幸福に満ちた世界〉と〈どこまでも不幸に満ちた世界〉のどちらかに赴くとか、その決定はある種の裁判によってなされるといった構図自体は、たとえば、ホメロスの叙事詩でもすでに描かれているものである[31]（ホメロス『オデュッセイア』4.563以下、同11.567以下、『イリアス』8.13以下）。ただし、そこで下される裁きの基準は、ゼウスをはじめとする神々を敬っているかどうかや、神々から愛されているかどうかといったことであり、生前にどのような正・不正をなしたかという道徳的観点は考慮されていない。

その点では、『ゴルギアス』で語られている神話はむしろ、仏教やキリスト教などで説かれている因果応報の神話との共通性が高いと言えるだろう。すなわち、「天国（極楽、浄土、等）」と「地獄」という対比、および、生前の行いの正・不正が閻魔大王等の神格によって裁かれるという構図である。

†運によって動揺しない者としての善き人＝有徳な人

また、自己のなすべきことをなし、余計なことに手出しをしない者——それは先の神話

---

[31] ホメロスの叙事詩では、「幸福者の島《マカロン・ネソイ》」にあたるものは「エリュシオンの野」と呼ばれている。また、「幸福者の島」という言葉自体はヘシオドスの『仕事と日』にすでに現れており（170以下）、ヘシオドスはその島を、英雄のうちでゼウスに選ばれた者だけが死後移り住む豊穣の土地として描いている。そこでは、蜜の甘さの穀物が年三度も実り、人々は何の辛苦も得ずに暮らすという。

では「哲学者」と呼ばれる——こそが「幸福者の島」に送られる者だというソクラテスの主張は、「適度な多さ」以上を求めないよう努めることを勧め、平静で思慮深い魂のありようを説くデモクリトスの人生訓（本書94頁）を想起させる。先に確認した通り、デモクリトスはソクラテスと同様に、不正を犯す人は不正を犯される人よりも不幸だと主張し、「精神の高邁さとは非礼を平然と耐えること」（97頁）だと述べるが、ソクラテスもまた、「不名誉な平手打ちを食らわせられたとしても、ゼウスに誓って言うが、君はとにかく平然として、それを受けておけばいいのだ」（『ゴルギアス』527C）と説く。不正を犯されても平然として動揺しない姿に、彼は徳を備えた人間の典型像を見るのである。

この種の考え方は、プラトンの別の著作でも繰り返し表明されている。たとえば、『ゴルギアス』と同じく初期の著作に位置づけられる対話篇『メネクセノス』において、プラトンは主人公ソクラテスに次のように語らせている。

古くから伝えられている《何ごとにも度を超すなかれ》という言葉は名言であるとされている。実際、それは真実を言い当てた言葉である。なぜなら、自分を幸福にするすべてのものを自分自身に依拠させているか、あるいはそれに近い心構えの者、そして、他人に依存することなく、したがって他人の浮き沈みによって自分の方も動揺せざるをえないということのない者、そのような者にあってこそ人生を生きる準備は最も見事に整えられているのであって、節度ある人とはまさしくその人のことであり、また勇敢にして思慮ある人とは、まさしくその人のことであるからだ。その人は、財産や子どもを得るとき、あるいはそれらを失うとき、今の格言に誰よりも忠実に従うであろう。なぜなら、自分自身を頼むからには、喜ぶにせよ苦しむにせよ、明らかに度を過すことはないだろうから。（『メネクセノス』247E–248A）

人生には様々な幸運や不運が去来し、さらに、他人の運の余波も受ける。しかし、善き人——徳を備え、不正に手を染めぬ者——がその影響を受けることはない。その者は、何ごとにも度を超さず、余計なことに手出しをせず、幸福に生きることに資するすべてのものを自分自身に依拠させている。すなわち、その意味で自足している。それゆえ、運よく財産や子どもを得ても、逆にそれらを失っても、動揺しないというのである。

†『ゴルギアス』の神話の諸問題

はたしてどれだけの人が、そうしたいわば人間離れした超然たる精神を獲得できるのか、ということは、さしあたり問わないことにしよう。（この点については、後の第5章第4節などにおいて主題的に取り上げる。）代わりにここでは、善き人が絶対に幸福であり、悪しき人が絶対に不幸であることを示そうとする『ゴルギアス』の神話に内在すると思われる問題を二点指摘しておきたい。

まず、ソクラテスは、極端な不正を行ったがゆえにどんな刑罰によっても魂の劣悪さから解放されない「不治の者」がいることを認め、それゆえ、その「不治の者」に対する刑罰は、当人以外に対する警告ないし見せしめの役割を果たすと述べている。しかし、そうだとすれば、正義によって裁きを受けることは当人にとって有益である、という自身の主張（本書102頁）と相反することになる。

さらに、それ以上に問題だと思われるのは、「不治の者」となりやすいのは不正を行う自由が大いにあるなかで育つ者だ、とソクラテスが見なしている点である。この見方に従うならば、それこそ貴族や王族の家に生まれ、長じて巨大な権力を握ることが約束されている者が一生を正しく送り通すことは極めて困難ということになる。しかし、これは、「奈落」に落とされるような悪しき人になるかどうかは、生まれや育ちといった環境によって深く影響を受ける、と言っていることにならないだろうか。だとすれば、当人のせいではないことに対して当人に刑罰を科すという、因果応報に反する作用が、まさに因果応報をもたらすはずの死後の法廷においてしばしば働いていることにならないだろうか。

実は、これらの問題を回避する、より周到で長大な神話が、『ゴルギアス』以降のプラトンの別の著作で描かれている。次にその神話を見てみよう。

4 運命の自己決定と自己責任——プラトン『国家』終盤の神話

†神話のあらすじ

プラトン中期の対話篇『国家』は、彼の主著とも言える大著であり、人は正義によって幸福になれるか、ということが主要な問題のひとつとして扱われている。

この対話篇の最後に主人公ソクラテスは、正義の人が死後に得られる報酬は、数においても規模においても、生前に与えられるものとは比較にならないほど大きいと主張する（『国家』614A）。そして、そのことを証し立てるために、ひとつの神話を事細かに語り出す（同614B–621D）。

その神話は、ある勇敢な戦士エルによる証言という体裁で展開される。エルは戦場で最期を遂げた十二日後、火葬される直前に生き返って、死後の世界で見聞きしたことを次のように人々に語ってきかせたという。

エルの魂は身体から分離すると、他の多くの魂と共に、ある広い牧場に到着した。そこには裁判官がおり、個々の魂を天上と地下のどちらに送るかを決定している。天上に送られれば限りない幸福のなかで暮らすことができるが、他方、地下に送られると、生前に自分が犯した不正の程度に応じた刑罰を千年間繰り返し受け続けるのだという。

エルもまた裁判官の前に立つが、「お前は死後の世界のことを人間たちに報告する役目を負っているから、ここで行われていることを残らずよく見聞きするように」と言われ、天上にも地下にも送られず、その牧場にとどまることになった。

牧場には、天上に続く通路と地下に続く通路があり、裁きを受けた魂がそこを通るほか、かつて天上や地下に送られてそこで長く暮らしていた魂たちも、その通路を通り、牧場に戻ってきていた。天上から戻った魂たちは清らかな姿であるのに対して、地下から戻った魂たちは皆、汚れと埃にまみれていた。

こうして次々と到着する魂たちは、長い旅路からやっと帰ってきたような様子に見え、うれしそうに牧場へ行き、ちょうど祭典に人が集まるときのように、そこにたむろした。知り合いの者同士は互いに挨拶をかわし、地下からやってきた魂は、別の魂たちに天上のことを尋ね、天からやってきた魂は、もう一方の魂たちが経験したことを尋ねるのであった。こうしてそれぞれの物語がとりかわされたが、その際に一方の魂たちは、地下の旅路において——それは千年続くのであったが——自分たちがどのような恐ろしいことをどれだけたくさん受けなければならなかったか、目にしなければならなかったかを想い出しては、悲しみの涙にくれていたし、他方、天からやってきた魂たちは、数々の喜ばしい幸福と、計り知れぬほど美しい見物のことを物語った。(614E-615A)

エルは、天上と地下から戻った魂たちと共に牧場で数日間過ごした後、定めに従い、彼らと共に旅に出た。その旅の終わりに、彼らは再び身体を得て生まれ変わり、新たな人生を歩むのである。

旅立って五日目に彼らは、天地を貫く一筋の光の許に辿り着いた。その光は、天空全体を縛る光の綱が縒《よ》られて一本の大綱となり、地面に垂れたものであり、その光の綱の周囲には必然《アナンケー》の女神と、その娘である運命《モイライ》の三女神が鎮座していた。そして、必然《アナンケー》の女神の膝元には紡錘(回転して糸を紡ぐ道具)があり、これが光の綱に繫がっていた。紡錘が回転することにより、天空のあらゆる星々が回転する仕組みなのである。

紡錘は必然《アナンケー》の女神の膝のなかで回転している。……ほかに三人の女神が、等しい間隔をおいて輪になり、それぞれが王座に腰をおろしていた。これは必然《アナンケー》の女神の娘、運命の三女神《モイライ》であって、白衣をまとい、頭には花冠を頂いている。その名はラケシス、クロートー、アトロポス。……ラケシスは過ぎ去ったことを、クロートーは現在のことを、アトロポスは未来のことを、歌にうたっていた。そして、クロートーは間をおいては紡錘の外側の回る輪に右の手をかけて、その回転を助け、アトロポスも同じようにして、内側の輪に左手をかけてその回転を助けている。ラケシスは、左右それぞれの手でそれぞれの輪に交互に触れていた。(616B–617D)

魂たちがこの神聖な場所に到着すると、そこには無数の「生涯の見本」が並べられていた。独裁僭主や貴族、平民などのありとあらゆる人生、さらには、猿や鷲、白鳥など、ありとあらゆる動物の生もあった。魂たちは、それらの見本のなかから、これから自分が来世で歩む生涯を自由に選ぶことができた。ただし、選ぶ順番自体は女神ラケシスの面前で、くじによって決められた。

彼らが各々の生涯を選ぶと、生まれ変わった後の彼らは、「その生涯に必然《アナンケー》の力によって縛りつけられ、離れることができなくなる」(617E)。しかし、それは神のせいではない。その生涯を選んだのは当人だからである。それゆえ、くじ引きの前に、必然《アナン》の女神《ケー》と運命の三女神《モイライ》に仕える神官がこう強調している。「責任は選ぶ者にある。神にはいかなる責任もない」(同)。

第一位のくじを引き当て、生涯を選ぶ順番が最初になる者は、当然最も多くの可能性を手にする。しかし、くじ運が最も悪く、順番が最後になったからといって、よい生涯が選べないわけではない。というのも、「生涯の見本」の数は魂の数よりも遥かに多いからである。実際、くじ引きが終わり、各々の魂が「生涯の見本」を選ぶ前に、神官は次のように忠告したという。

> 最後に選ぶことになった者でも、よく心して選ぶならば、その者が真剣に努力して生きる限り、満足のできる、決して悪くない生涯が残されている。最初に選ぶ者も、おろそかに選んではならぬ。最後に選ぶ者も、気を落としてはならぬ。(619B)

神官がこう言い終わるや否や、第一位のくじを引き当てていた男が直ちに進み出て、最も権勢を得る独裁僭主の生涯を選んだ。しかし、選んだ後によく調べてみると、数々の酷い不幸が運命としてその生涯に含まれていることが分かった。この男は自分の選択を嘆き、神を責め、自分以外のものに八つ当たりをした。

エルが聞いたところでは、実はこの男は天上から戻ってきた者だという。ただし、彼が天上に行けたのは、前世で属していた国家がよく秩序づけられていたからであり、彼は「真の知を追求する〔哲学する〕ことなく、ただ習慣の力によって徳を身につけた者」(619C–D) に過ぎない。しかも、天上ではさらに安穏に暮らすことができるから、苦悩によって教えられることが益々少ない。そのあげくに彼は、神官の忠告も聞かずに安直に生涯を選んでしまったのである。

この男に限らず、「生涯の選択はたいていの場合、前世における習慣によって左右されるもの」(620A) であったし、また、深く考えずに生涯を選択し、不幸な来世を運命づけられる者は、天上から戻ってきた者に多かったという。「これに反して、地下からやってきた者の多くは、自分自身も散々苦しんできたし、他人の苦しみも目の当たりに見てきたので、決していい加減に選ぶようなことはしなかった」(619D)。

ともあれ、魂たちはこうしてめいめいの仕方で自分の生涯を選び取った。その後、彼らはさらに旅を続け、「放念の河」と呼ばれる場所のほとりに宿営した。エルを除く皆が定めに従ってその河の水を飲むと、それまでの一切を忘れ去ってしまった。そして、彼らが床に就き、やがて真夜中になると、雷鳴が轟き、大地が揺らいだ。「すると、その場から突如としてそれぞれの者は、あたかも流星が飛んで行くように、かなたこなたへと新たな誕生のために、上方高く運び去られていった」(621A)。そして、エルだけが、元の身体へと戻っていったのである。

以上の神話が語られると共に、『国家』という大長編は終幕を迎える。

死後に魂が「天上」と「地下」に振り分けられるという、この神話で最初に提示される構図は、『ゴルギアス』の神話における「幸福者の島」と「奈落」の構図を踏襲している。ただし、『国家』の神話にはそれ以外にも重要なモチーフや思想が数多く織り込まれている。

†必然の女神が司る宇宙

まず、天空を縛る光の綱が必然の女神《アナンケー》の膝元の紡績に繋がっているという壮大なイメージは、全宇宙の運動をこの女神が司っているということを示している[32]。

また、この点に絡んで、『国家』の神話における運命の三女神《モイライ》（クロートー、ラケシス、アトロポス）の位置づけも注目に値する。第I部で確認した通り、運命の三女神《モイライ》はときに夜《ニュクス》の娘とされ、ときにゼウスの娘とされるなど、その系図には揺れが見られるが（本書48頁）、この神話では必然の女神《アナンケー》の娘として位置づけられ、天空を動かす紡績の回転を助ける補佐役にまわっているのである。ここには、運命の作用を専ら必然性の側面から捉えようとする意図を読み取ることができるだろう。

†死後の世界における運命の自己決定

とはいえ、この神話では、人間の自由意志が働く余地が完全に排除されているわけではない。それが、この神話のもうひとつの大きな特徴になっている。

必然の女神《アナンケー》と運命の三女神《モイライ》の前に進んだ魂たちは、無数にある「生涯の見本」のなかから、来世で自分が送る生涯を選び取る。選ぶ順番は、運命の三女神《モイライ》の一員であるラケシスの面前で、くじによって決定されるが、上位のくじを引いたからといって最善の生涯を選べるとは限らない。習慣に流されて安易に飛びついてしまえば選択に失敗することも往々にしてあると、神官は警告するのである。

この、運命の自己決定というあり方は、前章で確認した「モイラ」や「ラケシス」といった、運命を意味するギリシア語の言葉の含意を踏まえるなら、その特異さが際立ってくる。というのも、これらの言葉は本来「くじによる割り当て」というニュアンスを含んでおり、運命の決定をくじ引きのようなものとして捉える観点を示唆しているからである（本書41頁）。これに対して、『国家』の神話におけるくじ引きは「生涯の見本」を選ぶ順番を決めるためだけに行われ、くじによって運命自体が決定されるわけではない。言い換えれば、ここではくじの役割が限りなく軽いものになっているということである。

代わりに、この神話において自己の運命を決する肝心な要素として強調されているのは、習慣に流されずに「誠心誠意、知を愛し求める」（619E）こと、すなわち、哲学することにほかならない。そうやって理性を十全に働かせ、深く思慮できれば、生涯を選ぶ順番がたとえ最後になっても幸福な運命を手にすることができる。その意味で、「責任は選ぶ者にある。神にはいかなる責任もない」。各々の魂には、運命を自分で決める機会が与えられる代償として、自己責任が課せられているというのである。

---

〔32〕 ただし、プラトンがすべての時期を通じて（あるいは『国家』という書物のなかでさえ）決定論と親和的な議論を貫いているかどうかは判然としない。ここで確認しているのはあくまでも、『国家』の終盤において彼が、決定論的な世界観が含まれる神話を語っている、ということに過ぎない。

†整合性の高い因果応報の説明体系

以上のような構造をもつ『国家』の神話は、『ゴルギアス』の神話が孕んでいた二つの問題（本書112頁参照）を回避できている。

まず、〈正当な刑罰を受けることは、「不治の者」に関しては他人への見せしめの役割のみ果たす〉という見解と、〈正当な刑罰を受けることは、当人にとって有益である〉という見解は相反しているのではないか、という問題から確認しよう。この問題については、たとえ「不治の者」であっても、正当な刑罰を受けることは次の生涯を選ぶ段階の当人にとって有益である、と答えることができる。エルの証言によれば、生前に相応の刑罰を受けたり、あるいは死後に地下で辛酸を嘗めた者は、自身が「生涯の見本」を前にしたときに、いい加減に選ぶような愚を決して犯さない。つまり、生前や死後の世界では刑罰が他人への見せしめの役割しか果たさないことがあったとしても、来世の運命を決める際にまさに苦い教訓として必ず生きてくるということである。

また、もうひとつの問題、すなわち、人生において不正を犯すかどうかが、生まれや育ちといった当人にはどうしようもない要因によって深く影響を受けるとすれば、それに対して刑罰を科すのは不当ではないか、という問題についても、『国家』の神話に従えば次のように答えることができる。たとえば貴族や王族の家に生まれ、長じて「不治の者」になり、死後に地下で凄惨な目に遭うことになった者も、当人のせいではないことに対して不当に刑罰が科されているわけではない。元はといえば、その生涯は自分で選んだのであり、自分の責任なのだ。ただ、「放念の河」の水を飲んだために、そのことを完全に忘れているだけなのだ、と。

このように、『国家』の神話は、人間の生涯は必然性によって縛りつけられているという決定論的な観点を示唆しつつ、魂が自分の来世の運命を決めるときだけはその縛りから解かれるとすることによって、偶然の作用も神の意志も排除した、人間の意志による運命の自己決定というあり方を提示している。それは、『ゴルギアス』の神話よりも整合性の高い因果応報の説明体系だと言えるだろう。

†「善き人は、死後も転生後も幸福であり続ける」

そして、そうした精巧な神話を語ることによってプラトン（ソクラテス）は、「善き人は決して害されない」（『ソクラテスの弁明』41D）ということを証し立てようとしている。先に確認したように（本書110－111頁）、プラトンにとって善き人とは、常に平静で思慮深く、自足している人のことである。そして、そのような人こそが、死後に「天上」へと赴き、限りない幸福にあずかるだけではなく、さらにその後も幸福であり続けることになる。『国家』の神話によれば、人は転生を繰り返す。一度「天上」に送られたとしても、やがてそこから戻ってきて、新たな生涯の選択を迫られる。その際、前世でたまたま良質な国家で暮らし、不正を犯さずに天上に行けた者は、安易な選択をし、来世では不幸な一生を送ってしまいがちである。また、「生涯の見本」を選ぶ順番を決めるくじで、下位の方を引いてしまう可能性もある。プラトンはその程度の運の存在は認めている。しかし、平静で思慮深い魂のありようを保ち、余計なものを求めず、「誠心誠意、知を愛し求める」ならば、運の影響をものともせず、再び幸福を手にしうるということである。

†現代において「神話」という道具立ては有効か

ただ、「福徳一致」というプラトンの理想が真実であることの根拠が、このように最終的に神話に求められている次第については、少なくとも現代の目から見れば大きな疑問符がつくだろう。すなわち、現代に生きる人々の多くは、この因果応報の神話が真実を述べているとは見なさないだろう。それゆえ、この神話に基づいた議論に説得されることはないだろう。神話がいかに周到に詳細に描かれているかということと、その神話が真実であるかどうかということは、全く別問題なのである。

とはいえ、これは先にも触れたことだが（108頁）、プラトンが自身の議論を閉じるためにこうした神話を必要としたという事実は、それ自体として重要な論点を示していると思われる。このことについては、この第Ⅱ部の最終章で再び言及することになるだろう（第8章：274－275頁）。その前に、ここからは、（プラトンとは異なり）神話という道具立てを用いることなく、善く生きることと運とのかかわりについて正面から論じている哲学者たちを取り上げていくことにしたい。一人目は、彼の弟子、アリストテレスである。

第4章 アリストテレス

1 「幸福とは、徳に基づいた活動である」

†倫理学の古典中の古典『ニコマコス倫理学』

アリストテレス（前三八四―三二二）は、師プラトンが建てた学園「アカデメイア」で二十年近く学んだ後、マケドニアの王子（後のアレクサンドロス大王）の家庭教師となるほか、アテナイに自身の学園「リュケイオン」を開設した。そして彼の名は、後世に遺された膨大な文献とともに永遠のものになっている。

アリストテレスは、プラトンやその師ソクラテスとは異なり、自然も含めたあらゆる事柄を探究し、万学の祖とも言われたが、倫理や道徳に関する学問的探究である倫理学に関しても、『ニコマコス倫理学』によって後世に甚大な影響を与えている。以下では主にこの書物を参照しながら、倫理学[33]の領域のなかでアリストテレスが運の問題をどう扱っているのかを確認することにしよう。

†この上なく善いもの＝究極目的＝幸福

『ニコマコス倫理学』の冒頭で彼は、「いかなる技術も研究も、同様にいかなる行為も選択も、何らかの善さを目指しているように思われる」（1094a1-2）と述べている。たとえば、医療をめぐる技術・研究開発や、あるいは個々の医療行為は、良好な身体の状態――つまり健康――を目指してなされる。また、造船の技術や行為は、良質な船を建造することを目的とする。それゆえ、善さ（良好さ、良質さ、善良さ、等々）と目的は同一の意味をもつとアリストテレスは考える。

そして、同時に彼は、善さ（＝目的）にはある種の階層構造があると指摘している。た

[33] アリストテレスの倫理学上の思考の成果として伝えられてきた、比較的まとまった分量の文献としては、『ニコマコス倫理学』以外にも『エウデモス倫理学』と『大道徳学』がある。このうち、現在では『大道徳学』はアリストテレスの真作ではないとする見解が大勢である。なぜ同書が偽作と目されるかについては、たとえば新島「伝アリストテレス作『大道徳学』の真偽問題」を参照してほしい。

とえば、造船技術は良質な船を建造するためにあり、良質な船は、たとえば速く確実に貿易を行うためにあり、速く確実な貿易は、多くの財産を得るためにあり……、といった具合である。では、こうした階層構造の末には何があるのか。言い換えれば、他の目的のための手段ではありえず、それ自体が目的であるような、そうした究極目的とは何だろうか。

アリストテレスによれば、それは幸福《エウダイモニア》である。たとえば、幸福になるために財産や地位などを求める者がいるのは不自然なことではないが、財産や地位などのために幸福を求める者などいない。その意味で、「幸福《エウダイモニア》を他のもののために選び取る者はいない」（同 1097b5-6）ということである。

†外的な善≠幸福

このようにアリストテレスは、この上なく善いもの＝究極目的＝幸福、と定式化している。しかし、「幸福」というのはとても曖昧な概念だ。それは何か、快く、美しいものであるだろうが、その内実ははっきりしない。彼は「幸福」ということでいったい何を意味しているのだろうか。

人々は一般に、幸福になるための手段であるようなもの、すなわち、財産や地位といった「目に見える明白なもの」（同 1905a22）を幸福それ自体と見なしがちである。しかし、それは間違っているとアリストテレスは考える。この点は、次のように解釈できるだろう。当人が得ることも得られないこともありうる善きもの、あるいは、当人に訪れることもあれば去って行くこともありうる善きもの——つまり、当人にとって外的な善、不安定な善——は幸福と同一視できるものではない、と。

たとえば、宝くじに当たり、にわかに大金を手にしたとしよう。しかし、それをきっかけに仕事や勉強をやめた結果、生きていくうえでのやりがいや「張り」のようなものを見失うこともあるだろう。また、生活が派手になり、節度がなくなった結果、心身が荒んでしまう可能性もあるだろう。あるいはまた、友人・知人の厚意は自分の金目当てではないかと疑心暗鬼に陥るなどして、以前の人間関係が崩壊してしまい、強いストレスに苦しむかもしれない。そうした場合には、宝くじに当たったことは、幸運というよりもむしろ不運だったということになるだろう。

つまり、結果として幸福に寄与するからこそ、当該の出来事は「幸運」と呼べるのであって、あるときに幸運（と、そのときは呼びたくなるような出来事）が身に降りかかったとしても、それだけで幸福であることになるわけではない。その意味で、ある出来事が幸運であるかどうかの規準は幸福との関係において決まると、アリストテレスは主張しているように思われる。彼自身は次のように述べている。

……ある人々にとって、幸運は幸福と同じものと思われているが、実際は同じではなく、現に、幸運が超過すれば、幸福を妨げるものともなる。そして、その場合、もはや幸運と呼ぶことさえ正しくないであろう。なぜなら、幸運の規準は、幸福との関係において決まるからである。（同 1153b21-25）

†幸福の基盤としての徳

宝くじに当たることでより快適な生活を営めるようになる人もいれば、そうでない人もいる。地位や名誉を手に入れることで、より充実した人生を歩む人もいれば、その責務に押し潰されてしまう人もいる。アリストテレスによれば、その種の違いは、当人に固有な内的な特徴にある。すなわち、当人が節度や勇気等の善い性向――徳《アレテー》（卓越性・優秀性）――を備えていれば、外的な善を活かすことができるが、逆に「徳を欠いていれば、幸運で得たものを適切な仕方で持ちこたえるのは容易ではない」[34]（同 1124a30-31）。

一見すると、人の禍福は運に左右され、変転絶え間ないように思える。それゆえ、「幸福とは一種のカメレオンのような、土台のぐらついたもの」（同 1100b6-7）だと結論づけたくなる。しかし、アリストテレスは必ずしもこの見方に賛同しているわけではない。彼によれば、本来「善さとは、当人に固有な、当人から取り去りがたいものでなければならない」（同 1095b25-26）。したがって、この上なく善いものである幸福も、運に翻弄されない内的で安定したものが、いわば基盤として必要になる。そして、アリストテレスにとっては「徳」こそが、その基盤にあたるものだと言えるだろう。

†「徳を備えているだけでは幸福ではない」

ただし、同時に彼は、徳をどれほど完全なかたちで備えているとしても、それだけでは幸福と呼ぶことはできないとも強調している。というのも、「徳を備えながら眠ったままであったり、あるいは生涯を無為に過ごすことも可能であり、さらにそればかりか、災難を被ったり非常に大きな不運が降りかかったりすることもありうると思われるからである」（同 1095b32-1096a1）。それゆえ、「徳に基づいた活動」（同 1100b10）、言い換えれば、徳が実際に発揮されていることこそが、快く美しいあり方、幸福なあり方だということに

［34］　これと深く関連した論点は、『エウデモス倫理学』1248b27-32 においても展開されている。

なる。

これが、「幸福とは何か」についての、アリストテレスのさしあたりの答えである。幸福とは、多くの財産を抱え込んだり高い地位や名誉を得たりといった〈外的な善〉を指すのではない。思慮を伴った勇気や節度等の徳を備え、実際にその徳を発揮して勇気ある行為や節度ある行為を行うこと、そうした有徳な活動が人間の幸福である、というのである。したがって、「不平や不満がない」とか「満ち足りている」といった心的な状態も、彼にとっては幸福それ自体ではない。そうではなく、善く活動すること、ひいては善く生きること、そのことが幸福にほかならない。

この答えを見たところで、我々は、運の問題がアリストテレスの議論のなかで自ずと首をもたげてくるのを確認できるだろう。彼は、先に確認した通り、外的な善や幸運といったものが幸福を意味するのではないと主張している。そして、徳を備えることの重要性を強調し、徳に基づいた活動こそが幸福にほかならないと主張している。しかし、肝心のその活動が運の影響を被ることを、彼は同時に認めるのである。すなわち、たとえ徳を備えていても、「災難を被ったり非常に大きな不運が降りかかったりする」（前頁）ことによって、幸福になれない可能性がある、ということである。この問題にまつわる彼自身の議論を、これから慎重に追っていくことにしよう。

2　徳を発揮する可能性に影響を与える運

†「福徳一致」という理想の非現実性

アリストテレスによれば、徳を備えることは幸福にとって本質的に重要だが、徳を実際に発揮する（＝幸福を実現する）ためには、そのいわば道具的な助けとして、友人や富などの外的な善に恵まれる必要があるという。この論点を明確に示しているのが以下の一節である。

……幸福が様々な外的な善も併せて必要としていることは明らかである。なぜなら、いわば裏方の支援なしに美しいことを成し遂げるのは不可能であるか、もしくは容易ではないからである。実に多くのことが、ちょうど道具の助けのように、友人や富や政治的権力を必要としている。また、なかには、生まれのよさや、子宝に恵まれること、そして美貌のように、それがなければ至福であるとは言いがたくなるものもある。というのも、容姿があまりにも醜いとか、生まれが悪いとか、身寄りも子どももいない者は必ずしも幸福ではないし、仮に子どもがいても、その子たちが全く劣悪だったり、また善い子どもがいても死んでしまったりすれば、なおさら幸福とは言えないからである。以上、我々が述べてきたように、幸福にはこのような境遇に恵まれていることも併せて必要のようである。まさにこのことから、ある者たちは、徳を幸福と考える者たちをしり目に、幸運を幸福と同じものとして位置づけることになるのである。

（同 1099a31-b8）

この一節には、少なくとも現代的な目線からすれば不穏当で看過しがたい観点が色々と含まれている。（たとえば、子どものいない人は至福に達しえない、など。）しかし、そうしたアリストテレスの価値観――あるいは、彼の生きた時代の価値観――をめぐる問題はここでは置いておこう。本書で注目したいのは、「幸福には境遇に恵まれていることも併せて必要」であることを彼が認め、またそれゆえに、「幸運を幸福と同じものとして位置づける」者たちが出てくることに一定の理解を示している点である。たとえば、充実した生活を営んできた人も、最愛の我が子を急な事故で失ったりなどすれば、限りない悲しみに沈み、幸福と呼べる状態から長く大きく離れることになるだろう。それゆえ彼は、「幸福を徳と考える者たち」の主張には与しないのである。彼は次のようにも述べている。

……幸福な人は、身体におけるさまざまな善きものや外的な諸々の善きもの、さらには幸運を併せて必要とするのであり、それは、幸福な人の活動がこれらの点で妨げられないようにするためである。ところが、拷問を受けても大きな不運に見舞われても、その人が善き人であるかぎりはその人は幸福であると主張する人々は、本意からであれ、意に反してであれ、無意味なことを語っているのである。（同 1153b17-21）

徳を備えた善き人は、どれほど悲惨な状況に置かれたとしても、幸福である——ソクラテスとプラトンはそう主張していた。これに対してアリストテレスは、「無意味なことを語っている」と手厳しい。この議論の筋道に従うなら、「福徳一致」の理想はまさに非現実的な教説だということになるだろう。

†徳と幸福の結びつきをめぐって

しかし、かといって彼は、「幸運を幸福と同じものとして位置づける」という立場の方に与《くみ》するわけでもない。先に確認した通り、彼にとって幸福とは徳が発揮されていることであって、それゆえ、幸福と徳が強力に結びついていることも彼は認めているのである。

彼は、この微妙な立場を提示していくなかで、ホメロスの叙事詩『イリアス』などに登場するプリアモスという人物の生涯を例に出している。強大な都市国家トロイアの最後の王プリアモスは、長く権勢を誇り、たくさんの子宝にも恵まれた。しかし、晩年に至って彼の人生はにわかに暗転した。トロイア戦争が起こると、トロイア最強の戦士ヘクトルをはじめとする息子たちは戦死し、娘たちも敵方に奪われ、自身もついには殺されたのである。

……幸福には完全な徳と完全な人生とが必要である。実際、人生には多くの変転とあらゆる種類の偶然とがつきものであって、並はずれた盛運に恵まれた者が老境に至って大きな災禍に陥ることがある――ちょうど、プリアモスをめぐって、トロイア戦争の物語で語られているように。そして、こうした偶然に遭遇して悲惨な最期を遂げた者を、誰も幸福とは言わないのである。

するると、誰であれ人が生きている間はその人を「幸福である」と言うべきではなく、ソロンの言うように「その人の最期を見届ける必要がある」のだろうか。……それでは、もし各人の「最期を見届ける」必要があり、そしてその最期の時になってはじめて、「幸福である人」という意味ではなく「かつて幸福だった人」という意味で、その人を「幸福な人」と呼んで祝福すべきだとしたらどうだろう。いや、そのようなことは全くおかしなことではないか。とりわけ、幸福とはある種の活動であると我々が主張するからには。（同1100a4-34）

プリアモスが辿ったような人生の変転を踏まえるなら、現在形で誰かを「幸福である」と言うことはできないように思えてくる。その人の最期を見届けてようやく、過去形で「幸福だった」と振り返ることができるだけだと。第I部ですでに跡づけたように、ソロンやソポクレスといった人々はまさにそう主張していた（本書74－76頁）。

しかし、その主張は奇妙ではないかと、アリストテレスは右の引用の後半で批判している。彼によれば、幸福を決定するのは徳に基づいた活動であり、そして、「徳に基づいた活動ほど安定性を備えたものは何もない」（同1100b14）。その点で、アリストテレスは彼らほど幸福の脆さや、禍福の変転の激しさを認めているわけではない。彼は次のようにも述べている。

……活動が人の生を決するものだとすれば、幸福な人は誰も決して悲惨な境遇には陥らないだろう。というのは、そうした人はどんな場合でも、厭うべきこと、忌わしいことを行わないからである。現に、真に善き人、思慮ある人はどんな偶然にも泰然と耐えて、現に置かれている状況のうちで、そのつど最善の行動をとると我々は見なしている。それはちょうど、優れた将軍がなけなしの手勢を率いてもっとも果敢な戦いを挑み、腕利きの靴職人が手持ちの革からできるだけ見事な履物を作りあげるのと同じである。他のすべての技術者たちも、これと同じである。してみれば、やはり幸福な人は決して悲惨な境遇には陥ることはありえない。(ただし、プリアモスのような境遇ともなれば、さすがに至福ではありえまいが。[35])

また、それゆえ、幸福な人とは移り気でなく、動揺しない人である。なぜなら、幸福な人は幸福から容易に動かされることはないだろうし、仮に動かされるとしても、それはありふれた不運によってではなく、度重なる大きな不運によってだからである。

(『ニコマコス倫理学』1100b33-1101a11)

「真に善き人、思慮ある人はどんな偶然にも泰然と耐えて、現に置かれている状況のうちで、そのつど最善の行動をとる」、「幸福な人とは移り気でなく、動揺しない人である」――こうした叙述は、彼が一方では批判しているはずの、福徳一致の思想と親和性が高い。すなわち、運不運によって動かされない平静で思慮深い魂のありように「幸福」というもの内実を見る、という思想である。

とはいえ、アリストテレスは同時に、「ただし、プリアモスのような境遇ともなれば、さすがに至福ではありえまいが」という但し書きを付けている。文字通りどんな偶然にも泰然と耐えて、決して悲惨な境遇に陥らない、というのは現実問題としては困難であることを、やはり彼は認めているように思われる。

†運の影響の例外視

幸運と幸福は同じものではないが、無関係ではない。徳と幸福は強力に結びついているが、イコールではない。この彼の微妙な立場を、たとえば現代を代表する倫理学者・政治哲学者の一人M・C・ヌスバウムは、次のようなものとして解釈している。すなわち、プ

［35］ ここで「至福」と訳している言葉は、元のギリシア語では「マカリオス（*μακάριος*）」であり、「エウダイモニア（*εὐδαιμονία*）」とは異なる。このこともあり、アリストテレスが「幸福《エウダイモニア》」と「至福《マカリオス》」との間に程度の違いだけではなく、何らかの質的な違いを見て取っている解釈も古くから存在する。しかし、現在この解釈を採る者は少ない。この解釈に対する周到な批判として、ヌスバウム「幸福な生の傷つきやすさ」一九八－二〇一頁を参照してほしい。

リアモスほどの大きな不運に見舞われる生涯を送る人はまずいないし、それ以外のたいていの不運であれば、有徳な人はその冷静な思慮深さを発揮して切り抜けることができる、という立場である。

性格の安定した卓越性と、それに従った活動を評価するような、よく生きることについてのわれわれの理解のもとでは、〔プリアモスのような〕そうした劇的な転覆は稀であろうと〔アリストテレスは〕論ずる。誉れとか成功というよりはむしろ卓越性と活動とが価値の第一次的な担い手であるとすること……が、われわれがわれわれ自身を単なる運の犠牲者ではないものとして考えることを可能としている。〔ヌスバウム「幸福な生の傷つきやすさ」一九八頁〕

アリストテレス流の実践的な卓越性は、この世界の偶然性に対応する用意があって、そうしたことによって容易に縮小されるものではない。しかしそれでもこの卓越性は、プリアモスの事例のような非常に極端な場合には、幸福が失われることを妨げるのに十分ではないだろう。〔同二〇三―二〇四頁〕

つまり、ヌスバウムによればアリストテレスは、度重なる大きな不運を例外的なものとして処理できると考えていることになる。真に善き人が不運によっては動かされることはまずありえないが、プリアモスの身を襲ったような例外的な事態によってはさすがに動かされる、というわけである。

仮に、アリストテレスの立場がこうしたものだとした場合、それをどこまで整合的なものとして捉えることができるかについては、なお議論がありうるだろう。これと深く関連する問題をめぐっては、次章第5節（199頁以下）で、かのキケロ（前一〇六―四三）の議論を参照しつつまた立ち戻ることにする。以下では、これとは別の問題を取り上げたい。それは、人に運が影響を及ぼす範囲は、徳が発揮されるかどうかという局面には限らないのではないか、という問題である。

3　徳を備える可能性に影響を与える運

†生まれや育ちという「運」の影響

人はそもそもどうすれば徳を備えることができるのだろうか。アリストテレスがまず指摘するのは、生まれつきの素質が必要だということである（同1103a20-23）。しかし他方で、いかに素質に恵まれていようとも、経験を重ねて習慣づけられることなしに、その可能性が開花することはない。「それゆえ、様々な徳が人のうちに生ずるのは、自然によるのでも自然に反するのでもなく、徳を受容するよう生まれついている我々が、習慣によって完全なものとされることによる」（同a23-26）。

したがって、アリストテレスによれば、人為的でない生まれつきの素質——自然《ピュシス》[36]——と、それから習慣づけの両面が、徳を身につけるために不可欠ということになる。ただし、彼自身は明らかに習慣づけの方を重視している。たとえば、生まれながらに優秀な大工などというものは存在せず、「上手に家をつくることから優秀な大工となる」（同1103b10-11）のと同様に、「他の人々とのやり取りをするなかで、ある者は正義の人となり、ある者は不正な人となるのであり、恐ろしい事態に直面して行為するなかで、恐れたりあるいは大胆であったりすることを習慣づけられることによって、ある者は勇気ある者となり、ある者は臆病な者となる」（同b14-17）。それゆえ、彼は次のように強調している。

> つとに幼少の頃からある仕方に習慣づけられるか、それとも別の仕方に習慣づけられるかという違いはわずかなものではなく、きわめて大きな、いやむしろ全面的な違

いをもたらす。（同1103b23-25）

そして、もしそうだとすれば、徳を備えることにとって決定的な要素である習慣づけの内実は、まさに運次第だと言えるだろう。というのも、子どもは当然、自分がどのような環境で育ち、どのように習慣づけられるかを選ぶことができないからである。いや、それだけではない。生まれつきの素質という、そもそも習慣づけが可能かどうかの前提条件となるものも、自分ではどうすることもできない要素である。だとすれば、これもやはり運の産物と見なしうるだろう。つまり、生まれつきの素質にせよ、習慣づけにせよ、各人が徳を備えることを可能にする主要な要素は、いずれも運の影響を深く受けると言えるのである。

〔36〕 ここで言う「自然《ピュシス》」が、タレス等の自然哲学者たちが探究の対象としたような「自然現象」や、（都市などと対比される）「手つかずの自然」などとは異なるものであることに注意してほしい。この場合の「自然《ピュシス》」とは、事物に内在する必然的な秩序や本性《せい》のことを指す。たとえば、人間の自然というのは、人間に生まれつき備わる本来の性質のことなどを意味する。

†運の産物とそうでないものとの境界

以上の見解には、実はアリストテレス自身の見解とは異なる部分がある。というのも、彼は、生まれつきの素質（自然《ピュシス》）については事物の必然的なあり方を示すものと見なす一方で、運《テユケー》という概念については、デモクリトスと同様、専《もっぱ》ら偶然的な作用として捉えているからである。つまり、彼によれば、生まれつきの素質は運《テユケー》の範疇ではないのである。[37]

この彼の見解は、運の産物とそうでないものの境界線はどこにあるか、という非常に難しい問題と関連している。たとえば、多くの人に「綺麗」や「可愛い」などと評価される容姿に生まれついたことを、その当人は「運がよかった」と思うかもしれない。あるいは、非常に運動能力が低い身体に生まれついたことや、身体に重い障害を負ったかたちで生まれついたこと、特定の癌になる可能性が高い遺伝子を親から受け継いで生まれついたことなどを、「運が悪かった」と考える人もいるかもしれない。では、男に生まれついたことや、女に生まれついたこと、人に生まれついたこと、ある時代のある文化圏に生まれついたことなどについてはどうか。これらは運の問題と言えるだろうか。こう問うてもよい。本人を本人たらしめている本質的な要素と、本人に降りかかっているに過ぎない外的な要素とは、どう分けられるのだろうか。第Ⅰ部で見たように、たとえば伝承上のタレスは、特定の動物や性や文化に生まれ落ちることを、運《テユケー》・運命の問題として捉えている（本書64－65頁）。これはどこまで妥当と言えるのだろうか。

ここでひとつ、新しい例も出してみよう。明治～戦前の日本を代表する哲学者の一人である九鬼周造（一八八八－一九四一）は、あの豊臣秀吉が虫でも鳥でも獣でもなく人間に

---

［37］たとえば、あらゆる知識や正しい推論によらず、理由が分からぬまま何かに運よく成功した者がいるとしよう。アリストテレスによれば、この場合の「幸運《エウテユキア》」は、（1）実は運《テユケー》ではなく自然《ピユシス》によるものである場合がある。他方、（2）実際に運《テユケー》によるものである場合には、（2a）神の加護を受け、神によって適切に矯正された性向に従っている場合――いわば「神的な幸運《エウテユキア》」（『エウデモス倫理学』1248b3）による場合――と、それから、（2b）自らの性向によらずに文字通り偶然成功した場合とに分けられるという。そして、（2a）と（2b）の違いは、前者の「神的な幸運《エウテユキア》」が持続するものであるのに比べて、後者の幸運《エウテユキア》は一回限りのものであり、持続することがない、という点にあらわれるという。（以上の議論は、『エウデモス倫理学』第八巻第二章において展開されている。）

なお、生まれつきの素質ではなく、どのような環境の下で育ち、生活するか、ということにまつわる運については、アリストテレスは広範に認めていると解釈できる。つまり、各人が否応なく育つ環境は、性格や徳の形成に大きな影響を与える、ということである。彼の『弁論術』第二巻十二－十四章の叙述に拠りながらこの解釈を展開している論考として、ヌスバウム「幸福な生の傷つきやすさ」二〇五－二〇九頁を参照してほしい。

生まれたこと、アメリカでもエチオピアでもなく日本に生まれたこと、それから、京都でも大阪でもなく尾張の中村（現在の名古屋市中村区）に生まれたことなども、すべて偶然として扱っている（九鬼『偶然性の問題』二二四頁）。しかし、本当にそう言い切ってしまえるかどうかは判然としない。というのも、豊臣秀吉が人間であり、戦国時代に日本の尾張の地に生まれたこと、また、彼独特の身体的・精神的特徴や種々の能力を宿して生まれたことなどは、彼をまさに彼として構成している本質的な要素であり、その意味で偶然ではなく必然であるようにも思われるからである。実際、虫であるような豊臣秀吉や、アメリカ人であるような豊臣秀吉、背が高く馬面の豊臣秀吉など、我々は想像できないのではないだろうか。

ともあれ、運を偶然的な作用としてのみ捉えた場合には、生まれつきの素質や特徴の類いをすべて運の産物として捉えうるかどうかは明確とは言えなくなる。むしろ、必然的に定まっているものとして捉える見方もありうるだろう。

†運の影響を例外視することの困難さ

本書では、偶然と必然という様相をめぐる形而上学的な議論にはこれ以上踏み込まない。本書が着目しているのはあくまでも、偶然にも必然にも振れるような、現実の生活で我々が向き合う先の見通せなさやコントロールの難しさ一般であり、「自業自得」や「因果応報」等の人知が及びうる秩序が見出せない働き一般である。そして、「運《うん》」という日本語の言葉、および、「luck」という英語の言葉、ソポクレスらの文学作品などで用いられる「テュケー」というギリシア語の言葉等が、そうした働き一般を広く意味していることを、第Ⅰ部ですでに確認した。それゆえ、本書では運という概念を、デモクリトスやアリストテレスのように純粋に偶然的な作用というものに限定して用いるのではなく、必然的な作用をも含みうる広い意味でおさえておくことにしたい[38]。

運という概念をこのように広く曖昧に捉えた場合には、やはり先述の通り、徳を備えるための習慣づけに関しても、また、（アリストテレスの見解に反して）習慣づけの前提条件となる生まれつきの素質に関しても、運の影響は免れないことになる。そして、この場合、幸福に対する運の影響を例外的なものとして脇に置いておくことはますます困難になるだろう。なぜなら、生まれや育ちの違い（遺伝的性質や生育環境の違い、受ける教育の違い等）

[38] ヌスバウムは、古代ギリシアやヘレニズムの哲学を深く探究しつつ、運に対する人間生活の脆さを重視する議論を展開しているが、その彼女も「運（luck）」という概念を、行為者のコントロール下になく生じるものという広い意味で捉えている（Nussbaum, *The Fragility of Goodness*, p. 4）。

はおよそあらゆる人に影響を及ぼすものだからである。

このように、運の影響から人を遠ざけ、人生を安定したものにしてくれるかに見える「徳」という性向も、その獲得や発揮の条件を検討していくと、まさにその条件自体が運の影響下にあるように思われてくる。そして注目すべきなのは、『国家』終盤のプラトンの議論ではこの問題は回避されていたということである。というのも、当該の箇所の神話に従うなら、自分がどのような人間（あるいは他の動物）に生まれ、どのように育ってどのような人物になるかは、あの世で自分が決めたことであり、神意によるのでも全《まった》き偶然によるのでもない、ということになるからである。

これに対して、そうした〈運命の自己決定〉という神話的装置をもたないアリストテレスのいわば現実的な議論の枠組みでは、運の影響が人生全体に及ぶことは避けられないだろう。すなわち、運という要素をたとえ例外的なものとして隔離しようとしても、その包囲をどこまでもすり抜け、広範にくすぶり続けることは避けられないだろう。

4　完全な幸福としての観想——神の生活という理想

†「人柄にかかわる徳に基づく活動は、第二の幸福に過ぎない」

この第4章では、人間が生きる究極の目的を「幸福」と捉え、また、幸福を「徳に基づいた活動」として分析するアリストテレスの議論を概観してきた。

その過程で彼が、一方では徳を発揮できる可能性に運が影響を与えることに積極的に言及しつつも、他方では、徳に基づく活動の安定性を強調してもいることを確認した（本章第2節）。また、徳を備えるそもそもの可能性に関しても、運の影響を免れることはできないのではないかと疑問を呈した（同第3節）。

アリストテレスの師プラトンや、あるいはデモクリトスなどは、有徳であることと幸福であることとの結びつきを本質的なものと見なしている。しかし、哲学者が思い描くそうした理想は、運に左右される人生の現実を前にして揺らぐ。この点を重視するアリストテレスは、幸福というものの確固たる像を、実際には人間の生活とは別のところに見出していると言えるかもしれない。

『ニコマコス倫理学』を読み進んできた者はたいてい、終盤の第十巻第六章以降の記述に面食らうことになる。というのも、アリストテレスはそれまで勇気や節度等の重要性を繰り返し強調してきたはずなのに、突如として、その種の人柄にかかわる徳に基づく生活は

「第二に幸福だ」（同1178a9）と言い始めるからである。つまり、彼によれば、本来第一に「幸福」と呼ぶべき生活、より程度の高い完全な幸福は、人の生活とは別にあるというのである。それは、神の生活である。

†「神の活動とは観想《テオーリアー》である」

神の生活とは何だろうか。神は眠っていない。その意味で、神は生きており、活動をしている。そして、神の活動はことごとく最善である。しかし、その活動に善き行為は含まれない。たとえば、神は勇気ある行為を行わない。なぜなら、「神々が、そうすることが美しいがゆえに、恐ろしいことに耐え忍んだり、危険を冒したりするとでもいうのだろうか」（同1178b13）。同様に、神々は節度ある行為も行わない。そもそも、「神々に対してそうした行為を賞讃することは、むしろ下種の勘繰りになるのではないか。なぜなら、神々には低劣な欲望がないのだから」（同b17）。また、神は正義の行為も行わない。というのも、「神々が互いに契約したり、預かったものを返したりといった種類の事柄を行うというのは、馬鹿げたことのように思えないだろうか」（同b11-12）。

したがって、神の活動にはそのように「行為する」[39]ことは含まれない。では、神の活動として残るのは何か。アリストテレスによれば、観想《テオーリアー》（θεωρία）こそが神の活動にほかならない（同 b20–22）。観想とは、「眺める《テオーレイン》」という動詞に由来する言葉であるが、永遠の生と理性を備える神による観想が何を「眺める」ことなのかは人間には量りがたい。また、有限の生と理性に甘んじる人間自身による観想がどのような活動かについても、アリストテレスは明確なことを述べていない。ただ、おそらくは、世界の必然的な秩序をあるがままに認識することを目指す、すぐれて思弁的な活動を意味すると考えられる[40]。

†観想という活動の諸特徴

いずれにせよ、アリストテレスは観想というものの特徴を、以下のように列挙している（同 1177a19–b15）。

（1）観想は、最も優れた最善の活動である。というのも、最も優れた存在である神が営む活動こそが最善の活動であり、そして神は観想以外の活動を営まないからである。また、

[39] アリストテレス自身の叙述に即してより正確に言えば、行為《プラクシス》だけではなく、制作《ポイエーシス》も、神の活動から外される。

[40] より具体的には、天文学や数学、神学といった個別の研究に結実するような学問的活動こそが人間的な観想にあたる、というのが、一般的によく見られる解釈である。

人間には神と全く同様の観想的生活は不可能であるものの、それに近づくことはできる。
（2）観想は、純粋で確固とした充実感を驚くほど得られる、最も快い活動である。
（3）観想は、どんな行為よりも倦《う》み疲れることの少ない、長続きする活動である。
（4）観想は、すぐれて自足的な活動である。というのも、善き行為を行うには一定の外的な支え（地位や財産等）のほか、仲間や相手も必要である一方で、観想は外的な支えはわずかしか必要としないうえに、一人でも可能な活動だからである。
（5）観想は、他の何かのための手段という実利から離れて、それ自体として愛好される活動である。知を愛し求める者《フィロソフォス》たる哲学者の活動は、まさにこの点を体現していると言えるだろう。また、これと関連して、労働などの行為がゆとり《スコレー》を得るための手段として行われるのに対して、観想の場合は、そうやって得られたゆとりのなかでこそ営まれるという特徴がある。

†「完全な幸福とは観想である」

このように、アリストテレスによれば観想とは、善さと持続性と快さの点で何よりも優れ、また、一人でも可能な自足的活動であり、それ自体として愛好される目的である。したがって、観想を営む生活こそが完全な幸福である、と彼は言う。

先に本章第2節で確認したように、彼は幸福を「徳に基づいた活動」として定義している。しかし、観想的生活と完全な幸福とを同一視するこの議論に至って明らかになるのは、完全な幸福とはその種の活動ではない、ということである。

この点に関して重要となるのは、アリストテレスが、勇気や節度等の人柄《エートス》にかかわる徳と区別されるべきものとして知恵《ソフィア》や知性《ヌース》等を扱っている――知恵や知性等を、思考にかかわる徳と呼んで、人柄にかかわる徳と区別している――ということである（同1103a3-9）。そして彼によれば、観想という活動において発揮される徳は、思考にかかわる徳の一種にほかならない。言い換えれば、完全な幸福とは人柄にかかわる徳に基づいた行為ではなく、思考にかかわる徳に基づいた観想だというのが、アリストテレスの立場になるのである。[41]

---

〔41〕 ただし、ひとくちに〈思考にかかわる徳〉と言っても、アリストテレスによればその内実は多様である。具体的には、学問で追求されるような事柄に関して、その原理を直観的に把握する能力である「知性《ヌース》」や、帰納や推論などによる論証に基づいた「学問的理解《エピステーメー》」、さらに、その双方を併せ持つ「知恵《ソフィア》」という諸徳が〈思考にかかわる徳〉に含まれるほか、建築や詩作等の制作において働く能力である「技術《テクネー》」や、〈人柄にかかわる徳〉に伴う実践知である「思慮《フロネーシス》」も、〈思考にかかわる徳〉の一種とされる。

そして、これらの諸徳のうち、観想という活動において発揮されている徳には「技術《テクネー》」や「思慮《フロネーシス》」は含まれない。したがって、「知性《ヌース》」、「学問的理解《エピステーメー》」、「知恵《ソフィア》」のどれか（あるいは、これらすべて）がそこに含まれると考えられる。

†「人間はできる限り神に近づこうと努めるべきである」

しかし、観想という活動を営める存在は限られる。たとえば「人間以外の動物は、観想活動が完全に欠けているために、幸福に与《あずか》れない」（同1178b24）とアリストテレスは言う。人間も、神と全く同様の観想は不可能だが、思弁的な活動を通じて「それに似たもの」（同b27）を営める者たちはいる。そして、彼らにその種の観想が可能であるのは、「自分自身のうちに何か神的なものが備わっているからである」（同1177b28）。つまりアリストテレスによれば、思弁的な活動こそ、その「神的なもの」なのである。

ここには、人間というものをめぐる西洋のひとつの典型的な見方が示されている。すなわち、人間はその理性をよく働かせる限りで神の「似姿」（同1178b27）たりうる、そして、その似姿としての観想活動にこそ、人間を他の動物と画する本質的な特徴がある、という見方である。

人間と他の動物は、魂と身体が結合した「複合的なもの」（同1178b20）だという点では同じ生き物であり、等しく死すべき者（死ぬ運命にある者）である。身体は栄養と休息を必要とし、成長し、繁殖し、そして、やがて老いて朽ちる。そのため、身体をもつ動物は、食欲や睡眠欲、性欲などの欲求をもち、欲求とのかかわりのもとで行為する。そして、そうした欲求をもち、行為を引き起こすのは魂の働きにほかならない（同第一章第七、十三章）。ただし、魂にはこれらとは区別される理性的部分があり、とりわけ人間の魂の場合には、観想という特別な活動を営む能力をもっている。[42] アリストテレスの考えでは、観想することが人間が他の動物に対して優れているあり方なのである。

……「人間である以上、人間にふさわしい事柄を慮《おもんばか》れ」とか、「死すべき者である以上、死すべき者の事柄を慮れ」という忠告をする者たちに従うことなく、むしろ、できる限り自分を不死なものにしなければならないのであり、自分のうちにある最も優れたものに従って生きるために、できることは何でもしなければならないのである。

（同 1177b31-34）

[42] より正確に言えば、アリストテレスは魂というものを、栄養摂取する能力、欲求する能力、感覚する能力、運動する能力、思考する能力という各部分の総体として捉えている（『魂について』第二巻第三章ほか）。そして、思考する能力という理性的部分に関しては、「人間や、他のそれに類似したもの、あるいは人間以上に高貴なもの」（同 414b18-19）の魂にのみ備わると述べている。観想する能力は思考する能力の一種であるが、これは少なくとも人間と神（およびその中間者）にのみ備わるというのが、アリストテレスの基本的な立場だと言えるだろう。

人間は人間的な事柄にのみ拘《かかず》らうのではなく、できる限り不死なる神に近づこうと努めねばならない、とアリストテレスは主張する。具体的には、観想という神的な活動に――知を愛し求める《フィロソフィア》ことに――できる限り励むべきだというのである。そして彼によれば、「人間の活動のなかでは、神の観想活動に最も親近なものこそ、最も幸福であることになる」（同1178b22-23）。だからこそ彼は、〈人柄にかかわる徳〉に基づく活動は第一に幸福と呼ぶべきものではないと主張するのである。

†「観想活動に必要な外的な支えや幸運はわずかである」

ただ、もちろん、魂と身体の結合体である人間は、神そのものになることは決してできない。一人でじっと静かに考えるためにも、栄養が必要であり、身体が健康であることや、安全な場所を得ること、一定のゆとりを得ることなどが必要である。つまり、人間の観想は外的な支えや幾ばくかの幸運というものにどうしても頼らざるをえない。神のような完全な自足を達成することは叶わないのである。

しかし、それでも、〈人柄にかかわる徳〉に基づく活動に比べて、観想活動に必要な外的な支えや幸運はわずかであるということを、アリストテレスは強調している。先に観想の特徴づけ（3）で見たように、観想にはあまり体力や筋力は要らず、それゆえ長く続けることができる。また、続く（4）で見たように、観想には大きな場所や豪華な設備、あるいは多額の資金といったものは不要であり、一人で営むことも可能である。それゆえ、人間による観想は真に自足した活動ではありえないものの、自足に最も近づきうる活動だとも言えるのである。[43]

＊＊＊

以上のようにアリストテレスは、観想活動によって成り立つ神の生活を、最善かつ完全な幸福として定位している。それは全く人間的ではない神である。本書の第I部で見たように、たとえばホメロスの描く神々は、最も強大なゼウスであってもしばしば欲求や感情にとらわれ、何をなすべきかという選択に迷う（49―52頁）。しかし、アリストテレスの神は違う。神はもはや行為せず、その生活は永遠の観想に尽きる。そして、その生活は常に、どこまでも最善である。

[43]　この点については、『ニコマコス倫理学』1178b33-a8においてさらに詳細に論じられているので、参照してほしい。

他方、人間の場合には、多少なりとも外的な支えなしに知的能力を発揮することは不可能であるため、神と同じ観想活動は望めない。ただし、それに似た営為は可能だとアリストテレスは考える。そうした、いわば人間なりの観想という自足的な活動を営むことが、人間にとって最も幸福なあり方を意味するというのである。

また、観想よりもさらに外的要因に依存するとはいえ、勇気や節度といった人柄にかかわる徳を発揮した生活を営むことも、人間にとっての幸福――ただし、観想に比べれば劣る、第二の幸福――として位置づけている。

こうした見方の下では、人間の幸福はいずれにせよ運の影響を免れないということになる。とはいえ、同時にアリストテレスは、徳と幸福の強力な結びつきも主張しており、その立場は微妙なバランスの下に成り立っている。

「幸福《エウダイモニア》」とは元々、よい神霊《ダイモーン》の加護があることを意味し、それは、日本語の「幸い」という言葉のニュアンス――自分の力を超えたものによって運よく与えられるものというニュアンス――にかなり近い。このことは、本書の第I部ですでに確認した（42頁）。アリストテレスの議論においては、そうしたダイモーン（運、運命、神霊）的な要素は薄くなっているとはいえ、運の影響を排除していない点で、まだ生き残っていると言えるだろう。（また、前節で述べたように、徳がそもそもいかにして獲得され発揮されるかを考慮するなら、運の要素はアリストテレス自身が考えている以上に「幸福《エウダイモニア》」のなかに根深く息づいていると指摘することもできるだろう。）

この命脈が、後のストア派の思想においては完全に断ち切られ、幸福と運ははっきりと切り離されることになる。次章では、そのストア派を中心に、アリストテレス以後の古代ギリシアとローマの思潮の一端に目を向けることにしよう。

第5章　ストア派

1　ストア派の先駆――シノペのディオゲネス

†「自足」の実践、「世界市民」という自己像

まず、シノペのディオゲネス（前四〇〇／三九〇―三二八／三二三）という人物を紹介しよう。ディオゲネスはソクラテスの孫弟子であり、プラトンやアリストテレスと同じ時代を生きた哲学者である。

伝承によれば彼は、生まれ育った国家シノペを若き日に追放され、アテナイへと流れ着いた。また、後に彼は、航海中に海賊に捕まって奴隷にもなった。しかし、彼の生き方は、そうした境遇の変化に左右されるものではなかったという。

彼の生活の特徴として誰の目にも明らかだったのは、失う可能性のあるもの――地位や

しい。しかし、少なくとも当時、大王の東方遠征をきっかけにしてギリシア世界がオリエント世界と本格的に結びつき、従来の都市国家の枠組みに収まらない超域的な文化――いわゆる「ヘレニズム」――が花開いたことは確かだ。数多の伝説を通じてディオゲネスという漂泊の奇人に託されたのは、一方では古代ギリシアの哲学者たちが培ってきた価値観を強化しつつも、他方ではヘレニズム時代の到来という状況とも呼応して、国家《ポリス》の一員として生きるという伝統的な前提を突き崩す「世界市民」という新たな自己像を体現することだったと言えるだろう。[44]

［44］「人間は自然本性上、国家《ポリス》的動物である」（『政治学』1253a2-3）と定義するアリストテレスは、国家のいかなる部分でもないもの――すなわち、特定の共同体のなかで他の人間と共同して生活しない者――は、そもそも完全に自足している神か、さもなければ獣であるとしている（『政治学』1253a）。この基準からすれば、ディオゲネスは（神ではない以上）獣と等しいことになる。実際、ディオゲネスは、その生活や態度を見た他人からしばしば犬と蔑まれ、しかもそれを進んで受け入れている（ディオゲネス・ラエルティオス『ギリシア哲学者列伝』6.40, 45, 55, 60）。可能な限り自足した生活は、それが獣の生活と呼ばれようとも、まさに神に最も近いものだという誇りを、彼はおそらくもっていたのだろう。

2　決定論的世界観

理性に基づく自足[45]という神的な境地の追求と、世界市民という自己像。ディオゲネスがこれを自らの生活において体現してみせたとするなら、ストア派は、これと大枠で重なる思想を理論的にも展開し、後世に深い影響を与えている。現代の西洋古典学者A・A・ロングがそう語るように、「ストア派は、ディオゲネスの思想を洗練させた」（ロング『ヘレニズム哲学』六頁）のである。その内実をこれから確認していくことにしたい。

†ストア派という一大学派

ストア派は、キプロス島出身のゼノン（前三三四頃－二六二頃）を開祖とする学派である。「ストア」とは、「列柱廊（柱が並んだ屋根付きの廊下）」を意味するギリシア語の言葉であり、アテナイの広場にあった列柱廊で彼らが活動を行ったことから、「ストア派」という名前が付けられたとされている。

ストア派の活動は、ヘレニズム時代からローマ時代の長きに及ぶ。ゼノンと、第二代学頭クレアンテス（前三三〇頃－二三〇頃）、そして第三代学頭クリュシッポス（前二八〇頃―二一四頃）など、アテナイを活動の拠点にした人々は「初期ストア派」とも呼ばれる。他方、「後期ストア派」に数え入れられるのは、帝政期のローマで活躍したセネカ（前四頃―後六五）、エピクテトス（後五五頃―一三五頃）、マルクス・アウレリウス・アントニヌス（後一二一―一八〇）などである。（ちなみに、このなかではセネカのみがラテン語で著作を執筆している。また、「初期」と「後期」のほかに「中期」に分類される人々も存在する。）

〔45〕 ヌスバウムは、「理性的な自足（rational self-sufficiency）」への願望、すなわち、「理性のコントロール能力を通じて、善き人生の善さを運（luck）から守りたいという願望」（Nussbaum, *The Fragility of Goodness*, p. 3）が古代ギリシアの倫理思想に見られることを指摘する。そして、これが近代のカント主義へとつながっているという認識を、同じく現代倫理学の泰斗であるバーナード・ウィリアムズと共有している（ibid., p. 3-5）。

ただし、ウィリアムズがこの傾向を古代ギリシア哲学に一貫して見られるものとして批判的に捉え、運の問題をめぐる本質的な洞察の範型をむしろそれ以前の文学作品（叙事詩や悲劇等）に求めているのに対して（Williams, "The Legacy of Greek Philosophy", *Shame and Necessity*）、ヌスバウムの方は、特にアリストテレスの議論に関しては、理性的な自足への願望に尽きない複雑な奥行きを認めている（Nussbaum, *The Fragility of Goodness*, p. 18-19）。

†運命＝原因と結果の必然的な秩序＝理《ことわり》

彼らはそれぞれが独自の議論を展開しており、そのまま一括りにするのは難しい。とはいえ、皆に共通する思想もいくつか挙げることができる。それはまずもって、あらゆるものは運命に従って生じるという、決定論的な世界観である。たとえば、初期ストア派の理論的支柱と言えるクリュシッポスは、「運命は必然と何ら異なるところはなく、運命は、永遠の連続的な秩序ある動きである」と述べたと伝えられている（『初期ストア派断片集』第一分冊・一二六頁／I. 176b）。また、後期ストア派の代表的な論者の一人セネカ[46]——彼はローマ皇帝ネロの後見人であり、最後にはネロによって死を命じられた——も、「運命とはあらゆる事物と行為の必然性であり、いかなる力によっても破られることのないもの」（セネカ『自然研究』2. 36）と綴っている。そうした見方の具体的な内容を記した一節を、以下に引用しておこう。

〔ストア派は次のように主張する。〕最初のものがその後に生じるものにとって原因となるという仕方で、あらゆるものは相互に結びついている。……生じたものからはすべて何か別のものが結果し、前者は後者の原因として必然的に結びついている。生じるものはすべて、それに先立つ何かを原因としてもっていて、それと結びついている。
(『初期ストア派断片集』第三分冊・二五一頁／II. 945)

何の原因もなしに生じるものはありえない。あらゆるものの生起には原因となる別のものがあり、その別のものの生起にも必ず原因がある。そうして、永遠の過去から永遠の未来へと、原因と結果の必然的な秩序が切れ目なく繋がっている。それが、運命というものに対する彼らの見方であり、運命が支配するものとしての世界への眼差しである。すなわち、ストア派によれば「運命とは、存在するものの連続して繋がった原因、あるいは、世界がそれに従って導かれる理《ことわり》のことにほかならない」[47]（ディオゲネス・ラエルティオス『ギリシア哲学者列伝』7. 149)。

[46] セネカの生涯と思想をめぐっては、さしあたり、土屋「セネカ」を参照してほしい。

[47] なお、ここで言う「理《ことわり》」とは、元のギリシア語では「ロゴス（λόγος）」であり、世界の事物に内在している必然的な秩序や道理——「世の理《ことわり》」とか「理《り》に適う」という場合の「理」——を意味することもあれば、それを捉える心的能力としての「理性」を意味することもある。さらに、「言葉」や「比率」、「論理」、「規則」、「理由」、「根拠」等、多様なものを「ロゴス」は意味しうる。

†「全知の存在＝神であれば、未来をすべて見通せる」

キケロ（前一〇六―前四三）は、共和政期のローマで活躍した稀代の知識人である。彼はストア派に属するわけではないが、この学派を含む多様な立場の主張を解き明かし、ヘレニズム〜ローマ時代の哲学界の見取り図となる書物をラテン語で著して、後世の学芸の発展に多大な貢献をした。[48]そのキケロは、〈運命とは、原因がさらにその原因へと繋がりつつ事物を生み出す、永遠に連続する秩序のことである〉というストア派の運命観を紹介したうえで、次のように続けている。

……あらゆるものは運命によって生じるがゆえに、……死すべき者でありながらあらゆる原因の結びつきを心の眼で見通す人がいるとすれば、何ごともその人を誤らせることはないだろう。なぜなら、未来の物事の原因を理解している人は、あることになる事柄をすべて理解していることが必然だからである。だが、神でなければ誰もこのことをすることができないから、人間に残されるのは、続いて起こることを示す何らかのしるしを用いて、未来のことを前もって感知することである。というのは、……時は何も新しいものを作り出さず、最初からあるものを展開しているだけだからであ

る。(『初期ストア派断片集』第三分冊・二五〇頁/II.944)

あらゆる事物の生起に必然的な秩序(理《ことわり》)があり、世界の展開の仕方があらかじめ最初から決まっているのだとしたら、その原因と結果の結びつきのすべてを見通す能力をもつ人は、未来に何が起こるかもすべて理解できることになるだろう。それゆえ、そのまさに全知の人は、何ごとにも動じず、何も判断を誤ることがないだろう。しかし、神ならぬ人間にはそのような芸当はとても不可能だから、これから起こることを示す何らかのしるし(予兆、徴候、前触れ)に頼るしかない。その典型として古来続いているのが占いの類いである。また、現代であれば、限られた統計的データから天候などの未来の事象を予測するといったことも、キケロの言う「続いて起こることを示す何らかのしるしを用いて、未来のことを前もって感知すること」に含まれるだろう。

†必然的な能動性と受動性の原理から世界を捉える視座

いずれにせよ、ストア派は、世界をこのように決定論的に捉え、また、運という概念

[48] キケロの生涯と思想をめぐっては、さしあたり、瀬口「キケロとギリシア学芸の受容」を参照してほしい。

世界を構成する原理《アルケー》	
作用するもの	作用を受けるもの
神＝運命＝自然（φύσις《ピュシス》, natura《ナトウラ》）＝理《ことわり》	質料《ヒュレー》（素材、原料）

ストア派の世界観

——正確には、ギリシア語の「テュケー（τύχη）」およびラテン語の「フォルトゥーナ（fortuna）」[49]——を、専ら偶然的な作用として捉えている。それゆえストア派は、デモクリトスと同じく、運を「人間の理性には明らかでない原因」と見なす立場をとることになる[50]（同二七四頁／II. 971）。

　これは言い換えれば、神の理性からすればすべてのものの原因と結果の結びつきは明らかだ、ということにもなるが、ストア派はむしろ、運命の働きを神——とりわけ、ゼウス——の働きそのものと見なしている。つまり、理《ことわり》（事物に内在する必然的な秩序）と運命と神とを、ストア派は互いに同一視するのである（同二五二頁／II. 945、ディオゲネス・ラエルティオス『ギリシア哲学者列伝』7. 88）。

　ストア派によれば、世界を構成する原理には二種類のものがある。それは、作用するものと、その作用を受けるものである。作用するものとは、世界の諸事物をつくり出す能動的な原理であり、理《ことわり》＝運命＝神がまさにそれにあたる。他方、作用を受けるものとは、世界の諸事物の質料（素材ないし原料）となる実体である（ディオゲネス・ラエルティオス『ギリシア哲学者列伝』7.134)。ストア派は、そうした必然的な能動性と受動性の原理から、世界の一切を捉えようとするのである。

［49］「フォルトゥーナ（fortuna）」は、英語やフランス語の「fortune」の語源である。「fortune」の意味については、本書28－29頁を参照のこと。

［50］後の時代でも、たとえばスピノザ（一六三二－七七）は、「あるものが偶然と呼ばれるのは、我々の認識の欠陥に関連してのみである」(『エチカ』第一部・定理三三・備考一）と主張している。また、ヒューム（一七一一－七六）も、「大衆が偶然と呼ぶものは、実は密かな隠れた原因にほかならない」(『人間本性論』1.3.12.1）と述べている。さらに、後で本文で見るように（211頁）、デカルト（一五九六－一六五〇）も同様の趣旨のことを述べているが、決定論的な世界観に対しての各々の立ち位置は異なっている。たとえば、スピノザが厳密な決定論を採る一方で、デカルトは自由意志が働く余地を認めているし、また、ヒュームは両立論（自由であることと決定されていることとは概念的に矛盾しないとする立場）を採っているという解釈が一般的である。

3　徳、幸福、感情

†「賢者は動揺しない」

ところで、ストア派は、理《ことわり》＝運命＝神という能動的原理を、自然（φύσις《ピュシス》, natura《ナトゥラ》）とも呼び慣わしている。そして、人間が目指すべき生き方というものを、「自然と一致して生きる」とか「自然に従って生きる」といったモットーで表している。すなわち、彼らはディオゲネスと同様、普遍的な理《ことわり》に従って生きるという神的な境地に理想を求めるのである。そして、彼らによればその理想的な境地とは、「徳に従って生きる」ということでもある（同7.86-87）。というのも、「徳とは、理《ことわり》によって生み出された、魂の主導的部分の状態ないし力」（『初期ストア派断片集』第一分冊・一四六頁／I.202）、あるいは、「むしろ徳は、矛盾なく確実で誤りえない理《ことわり》そのもの」（同）だと彼らは考えるからである。

徳のこの捉え方を文字通りに受け取るならば、徳に従って生きることとは、原因と結果が永遠に連続する世界の秩序に従って生きることであり、矛盾なく、確実に、決して誤りなく生きることである。その意味では、真に有徳な者の生き方は、世の理《ことわり》ないし自然そのもの――運命の働きそのもの――と一致する、ということになるだろう。

　しかし、そうした意味で完全な徳を備える賢者たることは、世界の来し方行く末すべてを見通す神的な理性を備えることに等しい。そして、先にキケロの言を引いた通り、それはとても人間には不可能であるし、この点についてはストア派の論者たちも認めている。したがって、彼らの考える有徳な者ないし賢者とは、神のような存在ではなく、人間に知りうる限りの一切の事情を考慮したうえで適切な判断を下せる者、適切な行為ができる者、ということになるだろう。

　そして、そのような者は、幸運や不運（だと人間の理性が把握するもの）が降りかかっても動揺することはない。ディオゲネスが、哲学から得られるものとは「どんな運・運命《テュケー》に対しても心構えができているということ」（本書163頁）だと言い、この境地を善き人生の模範としたように、たとえばセネカは、我々に到達できる現実的な賢者のありようを次のように描いている。


　賢者はあらゆることが自分を待ち受けているということを知っているから、何が起きてもこう言う、私には分かっていた、と。（セネカ『倫理書簡集』76. 35）

また、奴隷出身のエピクテトス（後五五頃―一三五頃）も、哲学するとはどういうことなのかという問いに対して、「出来事に対して心構えをしておくことではないか」（エピクテトス『人生談義』下・四四頁／『語録』3.10）と答えたと伝えられている。

†「健康や富や名声は、善でも悪でもない」

そして、この境地に至るための鍵としてストア派が再三強調するのは、地位や財産といったものを善でも悪でもないものとして捉えることの必要性である。たとえばエピクテトスは次のように説明している。

> 存在するもののうち、あるものは善く、あるものは悪く、あるものはどちらでもない。かくて、徳や徳にかかわるものは善く、その反対のものは悪く、富や健康や名声はどちらでもない。（同・上・一五七頁／『語録』2.9）

健康や富、名声といったもの、すなわち、当人に訪れることもあれば去って行くこともありうるものは、アリストテレスであれば外的な善と捉えるものだ（本書128頁以下）。しかし、ストア派はそれらを善でも悪でもないものと見なす。徳や徳にかかわるものだけが善いものだというのである。もちろん、人間が生活を送るなかでそれらを――特に健康を――求めるのは至極当然だ。ストア派もこの点は認める。ただしそれは、健康等がそれ自体として善いものだからではない、というのが彼らの主張なのである。

この主張の背景には、人間にとって未来はどうしても不明確だ、ということがあるだろう。不明確である以上、理に適っている（自然に適っている）可能性が高い方向性を選択するのは理性的な生き方だと言える。健康の追求はその最たるものだ。逆に言えば、病気になることが自然に合致しているとすれば――つまり、病気になることが運命づけられているとすれば――その方向に向かうように賢者は意志する、ということである。実際、クリュシッポスは以下のように述べたと伝えられている。

これからどのような事柄が継起するかが私にとって不明確である限り、私はいつも、自然に適った事物を得るためによいあり方をしているものに向かう。神自身が私を、そのようなものを選択できる者にしてくださったのだから。だが、もしいま病気になることが私に運命づけられていると知っているとすれば、私は病気へと向かう衝動をもちもするだろう。（『初期ストア派断片集』第四分冊・一二四頁／III. 191）

†賢者は、自分の力が及ぶものとそうでないものとを適切に区別する

このようにストア派は、善とは何かに対する答えを、徳および徳に関連するものに絞り込む。しかも、この場合の徳とは、神が備えるものと全く同じ徳――理《ことわり》や自然や運命そのものであるような徳――ではなく、人間のいわば身の丈に合った理想的な生を営める能力としての徳である。そして、具体的にはそれは、「度を超すこと」に対する古代ギリシアの伝統的な戒めを守ることの延長線上にあるものだと言えるだろう。

第3章で見た通り、デモクリトスは、「自分の力に適う以上のものを摑まないように大いに留意すべきである」と注意を促し、自分に本来備わる力でコントロールできるのはどこまでかを知ることの重要性を説いている（本書94頁）。それが、快活で穏やかな人生を送ることに直結すると考えるのである。ストア派のうち、以下のエピクテトスの主張も、これとある程度共通したものである。

存在するものは、我々の力の及ぶものとそうでないものとに分かれる。判断や意欲や欲望や忌避――一言でいえば、およそ我々の行為であるもの――は我々の力の及ぶものであるが、肉体や財産や評判や官職――一言でいえば、およそ我々の行為でない

もの――には我々の力は及ばない。そして、我々の力の及ぶものは自然本性的に自由であり、妨げられず、邪魔されないものであるが、他方、我々の力の及ばないものは脆く、隷属的で、妨げられる、自分のものでないものである。そこで、次のことを記憶しておくがいい。もし自然本性的に隷属的なものを自由なものと思い、自分のものでないものを自分のものと思うならば、君は邪魔され、悲しみ、不安にされ、また神々や人々を非難するだろう、と。（エピクテトス『人生談義』下・二五二頁／『提要』一）

自分の力が及ぶもの、自分でコントロールできるものと、そうでないものとを混同してしまうことが、不自由の元であり、不安や悲しみの元だとエピクテトスは力説している。たとえば、肉体の健康や財産、評判、官職といったものを、自分の力が及ぶものと勘違いすることで、それらを得ることを期待したり、失うことを不安がったり、現実に失って悲しんだりすることになる。つまり、「人を不安にさせるものは事柄そのものではなく、事柄に関する考えである」（同下・二五五頁／『提要』5）。逆に言えば、若き日の彼自身のように、たとえ自分の肉体さえ意のままにならない奴隷や囚われの身であっても、理性をよく働かせ、自分でコントロールできるものとできないものを適切に区別して、自分にできる限りの活動ができるならば、そのとき人はいかなる境遇のなかでも自足しているということだ。そして、それこそが本来善き生であり、幸福だと彼は考えるのである。

†世界市民と平等の思想

そして、こうした思想は、ディオゲネスを受け継いだ「世界市民」という自己像を本格的に展開するものであり、同時に、万人の平等の思想を育むものでもある。内面の自由をどう捉え、どれほど重視するかなど、ストア派の内部でも様々な立場の違いはあるが、総じて彼らは、普遍的な理《ことわり》に即して生きることを最善とし、自己が置かれている特定の境遇や状況というものに拘束されない観点に立つことを説くのである。

ストア派によれば、有徳な者とは賢者のことであり、そしてストア派の言う賢者は、神崎繁が言うように、「自己や自己に関わりのあるものに制約された立場を離れて、世界全体の布置の観点からなされる超越的な規範をもたなくてはならない」（神崎「ゼノンと初期ストア派」一六九頁）。実際、セネカはたとえば次のように書き記している。

すべてを自分のものとし、それらを苦労せず保持できるのは、ただ賢者のみである。……彼は軍団も騎兵隊も必要としない。不滅の神々が武装せずに王国を統治し、静穏

> な高所からみずからの領域を保護しているように、賢者もまた自己の務めを、それがどれほど広範囲にわたっていても、動揺せずに遂行し、人類の中で最強かつ最善の者として、人類全体を自分の下に眺めている。（セネカ『恩恵について』7.3.2）

こうした「人類全体を自分の下に眺める」ストア派の理想が印象的な仕方で表現されているのが、帝政期のローマにおけるストア派の最後を飾る哲学者、マルクス・アウレリウス・アントニヌス（後一二一―一八〇）による一節である。ローマ帝国皇帝でもあった彼は、「私が属する都市と国家は、アントニヌスとしてはローマであり、人間としては宇宙である」（『自省録』6.44）と述べて、〈国家のトップ〉と〈ストア派哲学者〉という自己像の間で引き裂かれる認識を吐露している。

ストア派の主張に従うなら、マルクス・アウレリウスのように皇帝であっても、あるいは彼の敬愛するエピクテトスのように奴隷であっても、理性をよく働かせ、修養を積めば、誰しも賢者となる可能性をもつ。何も財産をもたずとも、宿さえなくともよい。クリュシッポスによれば、「すべての人は、徳への、自然に由来する傾向をもつ」（『初期ストア派断片集』第一分冊・三三九頁／I.566）。ストア派において、理性主義はこのように平等主義へと直結するのである。[51]

†「運に頼るのは最悪の隷属である」

同様のことは、エピクテトスに劣らず波瀾万丈の生涯を送ったセネカも強調している。セネカによれば、運に左右されるものへの期待ほど不安定なものはなく（『幸福な生について』15.4）、運に頼るのは「最悪の隷属」（同15.3）である。善き生とはどのようなものか、幸福な人はどのような人か、彼は次のように答えている。

それは、世間で言われるような大金をかき集めた人ではなく、あらゆる善が魂のうちにある人、正直で気高く、世に称賛されるものに背を向ける人、他の誰を見ても立場を入れ替わりたいとは思わない人、人物評価の基準をただ人間性のみに置く人、自然を師と仰ぎ、自然の掟に即応し、自然が定め置いたとおりに生きる人、どのような力でも奪い取れぬ自分自身の財産を有する人、悪を善に転ずる人、確かな判断を下し、動揺も驚愕も覚えない人、力に動かされはしても乱れはしない人、運命がかつてないほどに危険な矢玉を渾身の力で投げ込もうとも、刺さりはしても傷を負わず、刺さるのも稀な人だ。（セネカ『倫理書簡集』45.9）

自然に従った確かな判断を下し、それゆえ心乱すことのない人こそが、隷属から脱した幸福な人である。その人は、どのような力でも奪い取れない自分自身の財産を有する。それはもちろん、器量のよい奴隷や美しい屋敷、広い耕地、大金などをもっているということではない（同41.7-9）。そうではなく、「当人の魂と、魂のなかで完成された理性」（同41.8）にほかならない。それこそが、外から与えられることも奪い取られることもない、当人に固有のものであり、真に称えられるべきものだと、セネカは主張するのである。

†行為の結果ではなく、意図や判断を重視する立場

以上のストア派の議論を要約するために、再度キケロの簡明な解説の助けを借りることにしよう。彼は幸福観についてはストア派の説に賛意を向け、次のようにまとめている。

……徳は幸福な生活が逃げ出すことを許さないし、どのような苦痛や拷問に引き立て

〔51〕 さらに、ストア派のこの理性主義と平等主義は、いわゆる「自然法」の思想も花開かせることになる。すなわち、人為的な法に先立って、自然に即した普遍的・恒久的な正義および法律が存在するという思想である。この点に関しては、キケロ『法律について』1.19および1.42などを参照してほしい。

られようと幸福な生活の手を離すことはしない。なぜなら、賢者の特質は、後悔するようなことは何ひとつしないこと、気が進まないのに何かをするということがないこと、何ごとをも立派に、首尾一貫して、慎重に高潔に行うこと、何ごとも確実に起こるという期待をもたないこと、何ごとが起こっても、予期せぬ珍事が起こったとは思わず、決して驚かないこと、すべてを自分の判断に帰着させ、自分の判断に基づくことである。これ以上に幸福なことがあるとは、少なくとも私には考えられない。

ストア派の人々の結論は、実際、簡単なものである。彼らは、究極の善は自然と調和し、自然と一致して生きることであると考えている。そして、そのような生き方は賢者の義務であるばかりでなく、その能力のうちにもあるものだから、必然的に、最高善がその能力のうちにある人の生活は幸福だということになる。かくして、賢者の生活は常に幸福となる。(キケロ『トゥスクルム荘対談集』5.81-82)

未来が不明確であることを自覚し、何かが確実に起こるなどという期待をもたず、何が起こっても驚かない。自分のコントロールの及ぶ範囲を正確に見定め、そのなかで、首尾一貫した判断に基づいて活動する。そのように生きる能力をもつ賢者は、苦痛や拷問など、どんな逆境に襲われようとも決して後悔しないし、気の進まないことをする不自由さの虜となることもない。かくして、賢者の生活は人間としての最高善——この上なく善いもの——である。そして、この最高善こそが幸福であるとストア派は考える。

こうした考えは、自分の判断や行為の結果がどう転ぶか、という観点に重要性を認めないものだと言えるだろう。ロングが指摘するように、「ストア派は、望ましい結果を達成することよりはむしろ、それを目指すことの重要性を強調した」（ロング『ヘレニズム哲学』二七七頁）。彼らの倫理思想は「外的な結果と意図を分け」（同）、そして、意図の方を重視するものだということである。彼らは、理性的な判断に基づく能動的な行為そのものに最高の意義を見出すのである。[52]

†「心の平静は幸福そのものではない」

それから、ここまで見てきたストア派の思想、すなわち、「賢者は感情に溺れることが

[52] この点では、ゼノンと同時代の人エピクロス（前三四一頃－二七〇頃）を開祖とするエピクロス派も同様の立場を採っている。エピクロスはたとえば次のように主張したと伝えられている。——「思慮ある人は、よく考えることもなしに行動して幸運であるよりも、よく考えて行動しながら不運である方が優っていると信じている。なぜなら、諸々の行為においては、立派に判断したことが偶然のせいでうまくいかないとしても、その方がよりよいことだからである」（ディオゲネス・ラエルティオス『ギリシア哲学者列伝』10. 135）。

ないゆえに、感情から自由な者《アパテース》である」[53]（ディオゲネス・ラエルティオス『ギリシア哲学者列伝』7.117）とする見解は、穏やかな心の状態であることを最高善＝幸福と同一視しているかにも見える。実際、デモクリトスの場合には、快活で平静な心境でいることこそが人の幸福であると説いていた[54]（本書94頁）。しかし、ストア派の立場はこれとは異なるものである。彼らにとって、快活さや心の平静といったものは、最高善を原因としてそこから副次的に生まれるものであるが、最高善そのものではないし、幸福そのものでもない。すなわち、「快活さや心の平静といったものは、最高善に付随するものであって、最高善を完成させるものではない」（セネカ『幸福な生について』15.2-3）。廣川洋一の言葉を借りるなら、「それらは、徳の後に従ってくるもの、成立した徳のいわば輝きあるいは飾りともいうべきものとみられている」（廣川『古代感情論』二三一頁）ということである。

　ストア派によれば、最高善という「高みに上れるのは、唯一、徳のみである」（セネカ『幸福な生について』15.5）。彼らは、心安らかになるための手段としてではなく、ただひたむきに徳を備えることを目指す。彼らにとって最高善＝幸福とは、アリストテレスらと同様、満ち足りた心理状態の類いそれ自体を指すのではない。そうではなく、自分の力の及ぶ限りのことをすること、ひいては、そうした活動によって構成される生こそが幸福にほかならない[55]。ストア派の考える人生の目的は、あくまでも、理《ことわり》（運命、自然、神）に即して生きることそれ自体なのであって、何ごとにも動じない境地は、あくまでも副次的に、賢者となることで自ずと獲得されるものとされるのである。

---

[53] 「アパテース（ἀπάθης）」は、文字通りには「パトス（感情、情念）をもたない者」とも訳せるが、本文で後で見るように（195頁）、ストア派の言う賢者は必ずしも感情をもたない者ではない。それゆえ、本書では「感情から自由な者」という曖昧な訳語を用いている。

[54] エピクロス派（先の註27および52参照）も同様の立場である。この学派は、体に苦痛がない状態と、精神が動揺していない状態こそが最高の安楽であり、至福であり、それを求めるのが人生の目的であると考える（ディオゲネス・ラエルティオス『ギリシア哲学者列伝』10.128）。（ちなみに、エピクロス派は「快楽主義」とも呼ばれるが、彼らにとって真の快楽とは、贅沢な食事や性的な快楽といったものではなく、上記のような、いわば「静かな快楽」にほかならない。）

[55] この点は、近藤「ストア派は内面的な幸福を説いたか？」において詳細かつ説得的に論じられている。

4　ストア派にまつわる諸問題

†自由意志が存在する余地はあるか

さて、ここまで、ストア派の哲学者たちの代表的な思想を概観してきたが、それらに関しては様々な異論がありうるだろう。

まず、容易に生じる疑問は、ストア派の決定論的な世界観には問題があるのではないか、というものである。彼らは一方では、世界のすべては必然的な因果連鎖に縛られているという決定論的な世界観を信奉しているが、他方では、エピクテトスにまさに顕著であるように（本書178－179頁）、自らを律し、理性的な判断に基づいて生き、賢者たることを目指すよう人々を促してもいる。しかし、決定論が正しいとすれば、人の判断や努力次第で未来が変わる――たとえば、徳が備わる／備わらない、賢者になる／なれない、等――ということはありえないはずである。

厳密に決定論的な世界観と、自由意志の存在を前提にする規範的な人生観・道徳観との間に生じうる緊張関係については、第3章において、デモクリトスの議論をめぐってすでに確認した(95－96頁)。この点はストア派の人々自身も自覚し、主題的に扱っている議論も存在する。[56] 本書ではその詳細に立ち入ることはできないが、少なくとも彼らが、世界の究極的な原理の問題と実践的な問題とを異なる次元で捉えていたということは、デモクリトス同様に言えるだろう。

†神を弁護できるか①――「悪は善き人のためになる」

自由と決定論の相克をめぐる上記の問題は置いておくとしても、ストア派の議論の前提をなすそうした世界観、すなわち、〈世界は、神や理《ことわり》といった能動的原理によって隅々まで最善の仕方で秩序づけられている〉という見方に対しては、さらに別の疑問も生じうる。第2章でテオグニスの詩を取り上げるなかで、全知全能の神ゼウスがこの世界を統べているのだとしたら、なぜ世界に理不尽で不公正な事態があふれているのか、と彼が問うて

[56] ストア派が活躍していた当時から、決定論の正しさと自由意志の存在という原理的に両立困難な立場はいかに調停可能か、という問題は表面化しており、彼ら自身が解決法を模索してもいる。代表的なのは、キケロ『運命について』第十二－十三節および第十八－十九節で紹介されているクリュシッポスの議論、すなわち、いわゆる「怠け者の論法(怠惰な議論)」に対する論駁と、「円筒の類比」による議論である。

いるのを見た（58頁）。この問いは、遥か後の時代のライプニッツによる弁神論（神義論）――ただし、ライプニッツが弁護するのはゼウスではなく、キリスト教の神である――とも結びつくが、ストア派の哲学者たちもすでにこの問題を正面から取り上げている。

ストア派の弁神論は、大きく二つの筋道に分かれる。ひとつは、いわば個々人の生き方に即した筋道であり、善をなすには悪や逆境が必要である、と主張するものである。たとえばセネカは、闘技に力を注ぐ者は敢えて最大の強敵に挑むという例を出しつつ、災厄や苦難こそが人を鍛え、賢者への道を拓くと説く（セネカ『摂理について』第二、四節）。神は善き人を深く愛するがゆえに、敢えて試練を人に与えるのだという（同2.7）。真の善と幸福とは、魂のなかで完成された理性であり、それはいかなる目に遭っても全く傷つけられないものだというのが、彼の主張なのである。

†神を弁護できるか②――「世界は全体として見れば調和している」

これが、〈悪や逆境は、それが降りかかる当人のためになる〉という趣旨の議論であるとすれば、もうひとつの弁神論の筋道は、「神々にとっては個人より全員の配慮の方が重要である」（同3.1）というものだ。つまり、個々人の生に注目してみれば、確かにそこかしこに理不尽さや不公正さが目につくように思えるかもしれないが、全体としては調和がとれており、その意味で世界は完全だ、というわけである。

たとえば、ストア派の第二学頭クレアンテスは、「ゼウス賛歌」と呼ばれる詩のなかで次のように詠っている。ゼウスは「善きを悪しきと釣り合わせつつ、すべてをひとつにする。だから、永遠にある万物の理《ことわり》はただひとつ」(『初期ストア派断片集』第一分冊・三二三頁／I.537)であると。同様にエピクテトスも、「ゼウスは夏と冬、豊作と凶作、徳と悪徳、その他すべてこのような反対のものを、全体の調和のために秩序づけた」(エピクテトス『人生談義』上・六一頁／1.12)と語っているほか、マルクス・アウレリウスもこう書き記している。

普遍的な自然によって是認される事物の遂行と完成を、あたかも自己の健康を見るような目で見よ。生起するものすべてを、たとえそれが何ほどか難儀なことに思われようとも、喜んで受け入れよ。なぜならそれは、宇宙の健康と、ゼウスの〔業《わざ》の〕進捗と成功に寄与するからである。もしそれが全体に寄与するものでなかったならば、ゼウスがそれを誰かに対してもたらすことはなかったであろう。(マルクス・アウレリウス『自省録』5.8)

しかし、こうした見解に対しては、全体の調和のために特定の人々がいわば犠牲となり、災厄を被る事態は許されるのか、という疑問がさらに浮かんでくるだろう。そのような事態こそ、まさに、不公正とか理不尽と呼ばれる当のものであるようにも思われるからである。

もっとも、自分が被る悪や逆境が全体の調和に資するのであれば、それを理不尽な犠牲と思わず、苛酷な境遇を自ら甘受せよ、とストア派の人々は言うだろう。これは彼らの弁神論のひとつめの筋道とも直結する考え方だが、そもそも、死に至るような苦痛に満ちた災厄を「喜んで受け入れる」ことができる人、それを幸福と達観できる賢者が、いったいどれほどいるというのだろう。ストア派が思い描くのは、あまりに非現実的な人間像ではないのか。

†賢者のなりがたさ

ストア派によれば、徳と悪徳の間に中間的な状態など何もなく、人は徳を備えた賢者であるか、あるいは愚者の二種類しかいない（ディオゲネス・ラエルティオス『ギリシア哲学者列伝』7.127）。そして、ディオゲネスが「善き人々は神々の似姿である」（本書164頁）と語ったように、ストア派も、「善き人は神的な人である。というのも、善き人は自分自身のなかに神のごときものを宿しているからだ」（ディオゲネス・ラエルティオス『哲学者列伝』7.119）と考える。賢者がこうして神に比されるとすれば、その出現はほとんど奇跡となるだろう。たとえば、帝政ローマの著述家プルタルコス（後四六頃—一二〇頃）は、「クリュシッポスは自分自身も、そして、自分の知り合いや指導者のうちの誰をも、有徳な人と言わなかった」（『初期ストア派断片集』第五分冊・五五頁／III.622）と証言したうえで、彼らに従うなら賢者などこの世にいなくなってしまうと批判している（同）。実際、プルタルコスと同時代のセネカは、賢者は「おそらくフェニックスのように五百年に一度しか生まれない」（セネカ『倫理書簡集』42.1）とまで述べているのである。

もっとも、先にも触れた通り（175頁）、ストア派の考える賢者とは、文字通りの神のごとき存在を指すのではなく、あくまで、神に準じた存在である。つまり、人間に知りうる限りの一切の事情を考慮したうえで、適切な判断を下せる者である。しかし、そのような者になること自体が極めて困難であることは言うまでもない。

廣川洋一は、ストア派の賢者像が確かに非現実的なものであることを認めつつ、同時に、ストア派には人間すべてを「道徳的向上者」として捉える観点も存在することを強調している（廣川『古代感情論』一九六—二〇七頁）。先にも触れた通り、ストア派は、「すべての人は、徳への、自然に由来する傾向をもつ」（本書181頁）という平等主義的な原理を有している。それゆえ、賢者に近づく道は、指導や忠告、訓練といった契機を通してすべての人に開かれていることになる。廣川によれば、そうした道徳的向上の手段を思案し検討するという実践的な側面がストア派の思想には内在しているということである。たとえばエピクテトスは、自分にコントロールできることとそうでないことを峻別し、心に現れる様々な思いや印象に惑わされずに理性的な判断を貫くよう説いている。その彼の姿には、道徳の教師として人々を導き、自らも賢者たることを目指すストア派哲学者たちの典型的なあり方を見出すことができるだろう。

とはいえ、繰り返すように、彼らの言う道徳的向上の過程が、大半の人にとってあまりに厳しい道のりであることも、同時に強調されねばならない。ストア派の名は、現代の「ストイック（禁欲的、克己的）」という言葉の語源ともなっているが、ほとんど到達しえない高みに「人のあるべき姿」を設定するこの姿勢にこそ、ストア派の主張が過剰に求道的な印象を与える本質的な理由があると言えるかもしれない。

†人は感情から自由であるべきか①――「苦悩することは無意味であり、無益である」

さらに、ストア派の賢者像の非現実性を示すものとしてよく引き合いに出されるのは、彼らが賢者を「感情から自由《アパテース》な者」として規定している点（本書186頁参照）である。しかし、感情《パトス》から自由だとはどういうことだろうか。賢者は文字通り感情をもたず、たとえば嘆き悲しむことなど一切ないということなのだろうか。だとすれば、賢者はいよいよこの世の者ではないということになる。

この点に関しては、ストア派の内部でも立場が一貫しているとは言いがたい。[57] ただ、少なくとも彼らが、感情を爆発させたり、一定の感情にいつまでも浸り続けるといったことを、理《ことわり》に反した誤った判断や思いなしとして扱っているのは確かである。

キケロは、そのように感情の非理知性を主張するストア派の立場について明晰な説明を与えている。彼はストア派に寄り添いつつ、たとえば身内の死で悲しみ、苦悩するというのは、世の理《ことわり》によって自ずからそう決まっているものではなく、「立派な人間は、身内の死を大げさに悲しまなければならないという、深く刻み込まれた思いなし」（キケロ『トゥ

[57] 初期のストア派は、実際にいかなる感情も文字通り否定され根絶されなければならないと考える傾向にあったが、たとえば後期ストア派に属するセネカのように、徳に付随して生じる厳粛な感情——過度に沸き立っていない、いわば静かな感情——であれば賢者ももちうると主張し、初期ストア派の議論を批判する者もいる（『倫理書簡集』23.4、『ポリュビウスに寄せる慰めの書』18）。この錯綜した事情の詳細については、たとえば廣川『古代感情論』の第五章第六節および第六章第五節を参照してほしい。

スクルム荘対談集』3.63）が人々のなかにあるからだと述べている。すなわち、「苦悩することは無意味で無益であり、苦悩は何らかの自然本性から生じるのではなくて、我々の判断、指向、悩むのが義務だと考えるときの、ある種の魂の要請によるもの」（同3.82）だということである。たとえば、大きな泣き声を上げる、頭を掻きむしる、身を抱えてうずくまり、震える、等々、「これらすべてのことを彼らが悲しみのうちに行うのは、そうすることが正しいこと、真実であること、義務であることだと考えているからにほかならない」（同3.64）、そう彼は論じ、次のように続けている。

これらのことが意識の上でいわば義務として捉えられていることは、次のことから明らかである。すなわち、人間というものは、悲しみに身を委ねようと心に決めていても、ときとして落ち着いた行動をとったり、陽気に話したりすることがある。ところが、そのあとは再び悲しみのなかに自らを呼び戻し、さらには悲しむのを中断してしまったといって自責の念に駆られるのである。事実、母親や教師たちは、子どもたちがもし家族の喪中に何か陽気なことをしたり言ったりすれば罰するのが常であり、言葉だけでなく鞭を使ってでも涙を流すように強いるのである。これはどうしてであろう。実際に喪の期間が終わり、嘆くことによっては何も得られないということが分

かったとき、すべての嘆きは自由意志によるものであったということにならないだろうか。（同）

†人は感情から自由であるべきか②——冷たい賢者像

この引用にある通り、確かに小さな子どもであれば、親や兄弟が死んでも涙を流さず、陽気に過ごすということもあるだろう。なぜならその子は、家族が死ぬというのがどういうことか、また、それがどれほど悲しいことか、まだ分かっていないからである。では、翻って大人の場合はどうだろう。家族を失って嘆き悲しむのは、幼い頃からそう躾けられてきたからであり、自由意志による判断で、義務として——あるいは、習慣づけによる惰性として——そうしているのだろうか。疎遠な親類が亡くなったときなどはそうかもしれないが、大事な人、愛する人が亡くなるのは、ただただ悲しいのではないか。どうしようもなく涙が溢れ、慟哭してしまうのではないか。

もちろん、死の衝撃はやがて和らぎ、当初の胸が張り裂けるような感情も、喪の期間が終わる頃には落ち着く場合が多いだろう。しかし、だからといって、その静まった心こそが自然で理に適った状態である、ということになるわけではない。むしろ、理に適っていると言えるのは、感情が沸き起こり、高ぶり、やがて落ち着いていく、その推移全体なのではないだろうか。

　右の引用の終盤でキケロは、「嘆くことによっては何も得られない」と述べている。また、「悲しむことが何の役にも立たないことを知っていながら悲しみに打ちひしがれるのは、この上なく愚かで無意味である」（同3.77）という捉え方も紹介している。この捉え方に従うならば、賢者であれば嘆き悲しむことが何の役にも立たないことを知っているから、どれほど苛酷な状況に直面したときでも心を波立たせることもなく、常に幸福である、ということになるだろう。これは、先に第3章第3節（110－111頁）で見た、プラトン『メネクセノス』における有徳な人（＝幸福な人）の特徴づけと共通している。

　しかし、悲しんでも役に立たないから、たとえ最愛の我が子を失っても本当に悲しまないという、超然とした精神の持ち主——見方によっては打算的で冷たい人間とも受けとれる人物——を、我々はそもそも「賢者」と言うだろうか。あるいは少なくとも「徳のある者」と言うだろうか。そしてそれ以前に、そのような人間など存在しうるだろうか。（なお、この論点は、有徳な人を「感情から自由な者《アパテース》」として特徴づける議論を部分的に批判する、アダム・スミスの議論につながっている。後の本書238－240頁を参照してほしい。）

5　現実性と一貫性――キケロの診断

†賢者は運の影響を被るのか

運命（神、理《ことわり》、自然）によって世界が隅々まで最善の仕方で秩序づけられ、調和がとれているとするなら、自由意志が存在する余地はあるのか。あるいは、なぜ世界に理不尽で不公正な事態があふれているのか。それから、ストア派の言う「賢者」、すなわち、いかなる運にも影響されない人間というのは存在しうるのか。あるいは仮にいたとしても、そのような人間はそもそも「賢者」や「有徳な人」と言えるのか。――ここまで矢継ぎ早に、ストア派の議論に対する疑問を挙げてきた。

これらのうち、特に、「賢者」という存在をめぐる後半の疑問は、前章で見たアリストテレスの議論との対照の下で、その輪郭や射程をさらに明確にすることができる。

すでに確認した通り、アリストテレスは有徳な人ないし賢者という存在を、運に対して多少は脆さをもつ存在として特徴づけている。アリストテレスは、我が子を亡くすような大きな不運に襲われてしまえば、いかなる人もさすがに動揺し、幸福から遠ざかると認めている（本書134頁）。すなわち、徳を備えた善き人はどれほど悲惨な状況に置かれたとしても幸福である、という、ソクラテス、プラトン、そしてストア派的な立場は、アリストテレスの議論に従うなら無意味なことを語っているということになるのである（135頁）。この立場の違いは、徳と幸福の強力な結びつきをアリストテレスも強調しているにもかかわらず（137－138頁）、やはり根が深いものだと言えるだろう。

†双方の立場に引き裂かれるキケロ

近藤智彦が周到に跡づけているように（近藤「運と幸福」一五－一七頁）、この点について見通しのよい整理を提供してくれているのは、やはりキケロである。幸福に生きるためには徳のみで足りる、何が起ころうと賢者は常に幸福である――そう主張するストア派（およびソクラテス、プラトン）に対してキケロは、自然が許す以上のあまりに大きな力を徳というものに帰しているのではないかと疑問を呈している（Cicero, "Academica", II. 134）。しかし、彼はたとえば、ストア派に反対する立場のアンティオコス（前一二五－六八）の議論[58]に対しても、次のように批判している。アンティオコスは、身内の死や肉体の酷い苦痛、健康の喪失、奴隷状態等々の悪しきものが賢者の身に偶然降りかかり、それによって至福と呼びうる状態から遠ざかりうることを認めつつ、他方では、賢者は常に幸福であるとも主張しているその立場は矛盾をきたしているのではないかと(ibid.,『善と悪の究極について』第五巻第二四節以下、『トゥスクルム荘対談集』5.29-30)。「私の考えは双方の立場に引き裂かれている。後者の方がもっともらしいと思えるときもあれば、前者の方がそう思えるときもある。それでも、どちらか一方が真実なのでなければ、徳は完全に崩壊してしまうように思われるのだ」(Cicero, "Academica", II. 134)——キケロは自身の迷いを正直にそう綴っている。先に見た通り(183−184頁)、キケロは基本的には、〈賢者の生活は、何が起ころうと常に幸福である〉というストア派の立場に共感している。しかし、同時に、その主張の非現実性も認識しているということだろう。

†論理的な首尾一貫性という評価軸

この逡巡をめぐって彼は、自身の思想的共感をいわば括弧に入れ、双方の立場を比較す

[58] アンティオコスはキケロの師のひとりである。賢者が被る運の影響をめぐって、アンティオコスはアリストテレスの『ニコマコス倫理学』の影響を受けていると思われるが(近藤「運と幸福」一七頁)、彼自身はアリストテレスの完全な追従者ではなく、むしろプラトンの影響の方が色濃いほか、ストア派の立場も部分的に受け入れた主張を展開している。

るための評価軸として、主張の論理的な首尾一貫性というものを重視する議論も展開している。

> 私の答えは、目下のところ私が問うのは徳が何をもたらすことができるかではなく、首尾一貫して述べられていることは何であり、自己矛盾を起こしていることは何か、ということになるだろう。（キケロ『善と悪の究極について』5.79）

つまり、ここでキケロは、徳がもたらすものをめぐって、双方の立場のどちらが真実を語っているかではなく、矛盾のない整合的な主張を展開しているのはどちらかをさしあたり評価する、と宣言している。この観点からすれば、軍配が上がるのは当然ストア派の方になる。実際、キケロは、「ストア派における論理の一貫性は感嘆すべきものである」（同5.83）と記している。これは、哲学ならではの評価軸の置き方とも言えるだろう。

†運・運命と幸福の一致を説く立場の首尾一貫性

ただし、首尾一貫性という評価軸の下では、ストア派のように一貫して徳と幸福の一致を主張する立場だけでなく、逆に、一貫して運ないし運命と幸福の一致を説く立場も讃えられてしかるべきだ、ということにもなりうる。

たとえば、アリストテレスの高弟テオプラストス（前三七一―二八七）は、幸福な生活を送るうえでの幸運の重要性を師よりも遥かに強く認め、不運や苦痛、身体の責め苦といったものは幸福な生活とどうしても共存できないと主張している（同5.12, 5.77）。それゆえテオプラストスは、「人生を支配するのは運（fortuna）であって、知恵（sapientia）ではない」（キケロ『トゥスクルム荘対談集』5.25）とすら述べたと伝えられている。

キケロによれば、この発言はどの学派からも批判され、これほど弱々しいことを言った哲学者はいないと貶められてきた（同）。確かに弱々しいが、しかし、と彼は続けている。

……私の理解するところ、何ごともこのテオプラストスの発言以上の一貫性をもって言われたことはない。もしも肉体のなかにある数多くの善きものと、肉体の外にある数多くの善きものが、偶然（casus）や運（fortuna）に左右されるとするならば、外的なものと肉体に関わるものの両方の主人である運の方が思慮よりも力があると考えるのは、一貫性という点で言えば理に適っているのではなかろうか。（同）

以上のようにキケロは、徳と運と幸福をめぐって、思想的にはストア派に肩入れしつつも、主張の首尾一貫性という別の観点を軸にした診断も行っている。そして、後者の点では、ストア派の主張も、また、運が人生を支配すると主張するテオプラストスの主張も、ともに高く評価する。つまり、キケロによれば「哲学者は、個々の発言によって判断されるべきではなく、継続性と一貫性によって判断されるべき」(同5.31)なのである。

6 これまでのまとめと、これからの展望

†ストア派の立場の諸特徴

徳の発揮や幸福の実現に対する運の影響を認める立場と、徳は運に対していわば完全な免疫をもち、徳と幸福は完全に一致すると唱える立場。両者の違いをめぐるキケロの診断を確認したところで、本章で辿った内容を振り返っておこう。

本書では紹介できなかった諸学派[59](エピクロス派、アカデメイア派など)も含め、古代ギリシア〜ローマ時代の哲学者たちは総じて、「人間の内的な資質である理性こそが、幸福で平静な生活を保証する唯一の確固たる基盤を提供しうる、との非常に強い確信をもっていた」(ロング『ヘレニズム哲学』六頁)。なかでもストア派は、こうした理性主義を最も徹

底させた立場だと言えるだろう。
彼らの主張は、運の問題と関連する限りで、おおよそ次のように列挙できる。

(1)世界はそこに行きわたる理《ことわり》(＝神、自然、運命)によって秩序づけられ、調和がとれている

(2)徳とは理《ことわり》によって生み出された魂の主導的部分の状態ないし力である

(3)幸福とはこの上ない善(最高善)のことであり、それは徳を備えることによってのみ到達できる

(4)徳を備えた人＝賢者とは、人間にできる限りの範囲において理《ことわり》と一致して生きる、神に準じた存在である

(5)賢者は運の影響を受けず、どのような境遇においても動かされることなく、理性に基づいた自足した生を送る(＝徳は運に対して完全な免疫をもつ)

彼らの理想は、理《ことわり》＝自然＝運命そのものである神にほかならない。それゆえ彼らは、人間から離れ、神に近づくことを求める。しかし、人間が実際に神になることは不可能だか

[59] ストア派、エピクロス派、アカデメイア派を相互に比較しつつ、ヘレニズム哲学の概要を明晰に描きとっている解説として、近藤「ヘレニズム哲学」がある。

ら、人間の内なる理《ことわり》である理性をよく働かせ、自らがコントロールできるものとできないものとを見極め、自分にできる限りのことを行う有徳な生を送る者として、神に準じた存在＝賢者たることを目指すことになる。

そして、とりわけ上記の（5）の立場を堅持することにおいてストア派は、主張の首尾一貫性という点で優れている——そうキケロのように評価することもできるだろう。すなわち、一方では賢者は常に幸福だと主張しつつ、他方では賢者の生が運の影響を受けて損なわれる可能性を認める、という不整合性を免れているということである。

†規範的な教えとしてのストア派の思想

しかし、まさにその首尾一貫性ゆえに、ストア派の描く賢者像があまりに現実離れしたものになっているということも、先に確認した（192頁以下）。また、彼らによれば幸福な生活とは賢者の生活であるのだから、ストア派の議論に従うと、現実に幸福を手にできる人はほとんどいないということになってしまいかねない。

この懸念に対しては、次のように回答することができるかもしれない。ストア派が神の似姿としての賢者を「人のあるべき姿」として論じるのは、人が本当に賢者になれると考えてのことではなく、絶えず道徳的に向上していくための一定の筋道——遥か彼方の賢者という理想像に向かって延びる筋道——を人々に示し、その方向性へと人々を導くためだったと。つまり、彼らは事実の認識にかかわる主張を行っていたのではなく、規範的な教えを展開していたのだ、という解釈である。

先に第3章第2節（101頁）で見た通り、プラトンが自身の対話篇で「不正を犯して裁きを受けない人の方が、裁きを受ける人よりも不幸である」という命題をソクラテスに語らせたとき、同時に対話相手には、「世の中の誰ひとりとしてあなたに同意しないだろう」とも語らせている。だとすればプラトンは、自分が極めて非常識で、一般にはとても受け入れがたい逆説を述べていることを、はっきりと自覚していたのである。つまり、これと同様のことが、ストア派にも当てはまるかもしれない。すなわち、「善き人はいかなる境遇でも挫《くじ》けない」などと彼らが言うときにも、それは敢えて逆説を語っているのであり、世にはびこる常識に挑戦し、目先のお金や地位などに惑わされている人々にショックを与え、その目を覚まそうとしているのだ、と。

†「逆説」という性格の喪失

仮に、この解釈が正しいとしてみよう。その場合、むしろこの現代で問題にすべきなのは、彼らが常識に反する逆説として語った命題が、いまやありふれた常識的な訓戒に聞こえてしまう、という点ではないだろうか。つまり、遥か彼方に設定された理想を示す言葉ではなく、あたかも現実に手の届く目標を表す言葉、誰もが果たすべき義務として受けとめられている現在の状況こそ、問い直す必要があるのではないだろうか。

これは、第3章でも取り上げた現代の政治哲学者アーレントの問題意識と共通している。彼女の言葉を借りるなら、プラトンの命題は、「かつては非常に逆説的に思われたものだったが、やがて、文明的な世界の人々から信奉されるようになった」（アーレント『責任と判断』二三五頁）。それが長じ、現代に至って、「我々はこうした命題が逆説的なものであると感じる〈耳〉を失ってしまった」（同二三六頁）、そう彼女は指摘している。

確かに、古代の哲学者たちが発した言葉は、彼らが生きた当時は挑発的な響きを強くもっていた。だからこそ、たとえばソクラテスは殺されたのである。彼を実際に死に追いやった人々でなくとも、不正や欺瞞がはびこる社会を「仕方ない」と達観する市民たちは、彼の言葉に苛立ったことだろう。ストア派の言葉も、そのように現実主義を気取る人々には耳障りなものであったに違いない。

しかし、それはまさに、彼らの言葉が生きていたということでもある。すなわち、理想と現実の間に緊張を走らせ、自分の生き方や社会のあり方に向き合うことを促す力を、彼らの言葉はもっていたのである。しかし、いまの我々は、それを危険な言葉、不穏な言葉として感じる〈耳〉を失ったのだと、アーレントは言う。実際、我々の多くにとって、彼らの言葉はもはやありきたりの陳腐なお説教としか聞こえない。それは、彼らの言葉が刺さらないほどに、我々が古代よりも遥かに道徳的に向上したということなのだろうか。それとも、アーレントが示唆するように、我々にとって本質的に重要な何かがむしろ損なわれているということを意味しているのだろうか。――この「失われた〈耳〉」という問題をめぐっては、本書のエピローグであらためて考えることにしよう。

第6章 後世へのストア派の影響——デカルトの場合

1 デカルトのストア派的側面

†運命に動じない心構え

この第Ⅱ部ではここまで、デモクリトスからストア派に至る議論を追ってきたが、そろそろ古代ギリシア・ローマの世界から離れることにしたい。その手始めに、彼らの思想が後の時代の論者たちに影響を与えた一例として、デカルト（一五九六―一六五〇）のケースを本章では見ることにしよう。

近代哲学の父とも称されるデカルトは、一方では人に自由意志が存在することを認めつつ、他方では、抗いえない運命の強大な力に対して、ストア派に通じる構えを説いてもいる。まず、次の一節を見てみよう。

……我々の外部に運（fortune）があって、その意向のままに、事物を起こさせたり起こさせなかったりしている、という通俗的意見は全く捨て去らねばならない。そして、次のことを知らねばならない。すべてが神の摂理に導かれている。その摂理の永遠の決定は、不可謬かつ不変なので、その決定が我々の自由意志に依存させようとしたものの以外は、必然的でないもの——いわば運命的でないもの——は何も起こらない、と考えねばならない。（デカルト『情念論』2.146）

この引用でデカルトは、運（fortune）[60]という概念を偶然的な作用という側面でのみ捉えたうえで、この作用が世界に存在することを明確に否定している。彼に従うなら、世界の能動的原理は、神の摂理に導かれた必然的な作用（＝運命）と、人間の自由意志による作用という、二種類のものしかない。それゆえ、「運とは、我々の知性の誤りから生じただけの幻として打破されるべきもの」（同2.145）だというのである。

［60］この場合の「fortune《フォルチューヌ》」はフランス語であるが、同じ綴りの英語の「fortune」と同様、ラテン語の「fortuna」に由来する言葉である。註49も参照のこと。

ただし、人間に自由意志が存在するとはいっても、人間が世界を意のままにできるというわけではなく、むしろその力はあまりに小さい。デカルトによれば、自由意志は神によって与えられた余地にほかならないし、神の摂理たる運命は、何よりも人間に圧倒的な影響を与えている。

それゆえデカルトは、「あらかじめ熟慮を凝らして、恐れを生む不安がある結果すべてに備えること」(同3.176) を勧める。ちょうどエピクテトスが、「人を不安にさせるものは事柄そのものではなく、事柄に関する考えである」(本書179頁) と語ったように、デカルトもまた、あらゆることが自分を待ち受けているということを知るその心構えこそが、恐れや不安を克服する秘訣だと考えるのである。

†ストア派的な道徳的原則

以上のような世界観・運命観の下に彼は、自らに定める道徳的原則のひとつとして、「運命に打ち克つよりも自分に打ち克つように、そして、世界の秩序を変えるよりも自分の欲望を変えるように、常に努めること」(『方法序説』AT. VI. 25) を挙げている。そして、この原則は、一般的に言えば次のような原則に置き換えられると続けている。

……我々の思考以外には、完全に我々の力の範囲内にあるものは存在しないと考え、したがって、我々の外なるものに関しては、最善をなした後でもうまくいかないことはすべて、我々にとって絶対的に不可能である、と考える習慣を身につけること。（同）

我々はたとえば、中国やメキシコの王国を所有していないのを残念に思わないだろうし、ダイヤモンドのような腐らない物質からできた肉体をもちたいと思うこともないだろう。それと同様に、財産や地位や名誉といった外的な善が自分に欠けていても、それらが自分の能力では届きえないものだと見なせるならば、残念に思ったり欲しいと思ったりすることもない、そうデカルトは強調する（同26）。

とはいえ、そのように、「私に獲得できないものは何も未来に望まないようにし、……知性が何らかの仕方で可能であると示すものだけを本来望むようになる」（同）という習慣を身につけることは、とても容易なことではない。デカルト自身、この点をはっきり認めている。

……万事をそういう角度から眺めるのに慣れるまでには、長い修練を積み、何度も省察を重ねることが必要であることを、私は認める。昔、運命の支配から逃れ、数々の苦しみや貧しさのなかにありながら、神々と幸福を競うことができた哲学者たちの秘訣も、主にこの点にあったと思う。というのも、彼らは自然によってあらかじめ自らに定められた限界を絶えず考えることに専念した結果、思考以外に自分の力の範囲内にあるものは何もない、と完全に確信していたので、それだけで、ほかの物事に対するあらゆる執着を脱しえたからだ。(同)

彼がこの引用で、「神々と幸福を競うことができた哲学者たち」と呼ぶのは、言うまでもなくストア派の人々のことである。デカルトはキリスト教徒であり、ゼウスをはじめとする神々を信奉したストア派は彼にとって異教徒ではある。しかし、理性をよく働かせて自分の力が及ぶ範囲を見極め、自分の外なるものすべてに対する執着から脱していく、そうした厳しい修練と省察を志向する点では、彼はストア派の強い影響を受けているのである。

2 心の平静に至る道筋

†観劇の比喩

このように、運命よりも自分に打ち克ち、世界よりも自分の欲望を変えることを称揚するデカルトの立場は、ボヘミア王女エリザベト（一六一八－一六八〇）に宛てた一連の書簡に最もよく顕れていると言えるだろう。

生まれてすぐに王家の没落と亡命を経験し、十四歳の頃には父親を病気で失うなど、若き日のエリザベトは度重なる不運に見舞われていた。聡明な彼女は、二十代半ば頃からデカルトと知り合い、度々面会するほか、互いに頻繁に書簡を送り合っている。

そのなかの一通でデカルトは、エリザベトが辿ってきた苛酷な境遇や、彼女が病気がちであることを気遣いつつ、前述の原則を次のように紹介している。

〔私が自分に定めた道徳的原則のひとつとは、〕できる限り理性に従って自分を導きながら、自分の所有していない善はどれも全く自分の力の外にあるものと考え、そうして、それを決して欲しがらないように習慣づけることです。というのも、欲望と、後悔ないし悔恨ほど、我々を満足させないようにしうるものはないからです。しかし、常に理性の教えるところをすべてなすならば、たとえその後で、様々な出来事が我々が誤ることを示していても、悔恨すべきいかなる理由もありません。それは我々の欠陥によるのではないからです。……次のように考えればよいのです。我々は常に理性の勧めに従ってきたのだから、我々の力の内にあるものは何も見落とさなかった、そしてまた、病気や不運は、繁栄や健康に劣らず、人間に自然なものである、と。（デカルト『デカルト＝エリザベト往復書簡』九八－九九頁／1645.8.4）

デカルトによれば、我々を何より苦しめるのは、何かを欲したり、あるいは後悔したりすることである。その苦しみから解放されるには、常に理性に従って自分を導き、自分の力の内にあるものと外にあるものとを区別して、後者を欲しがらないよう努めなければならない。その習慣が身につけば、自分の力の外にあるものへの欲望や後悔に囚われる理由はないと考えられるようになり、病気や不運も人間に自然なものと受けとめることができるというのである。

そうした、自らを責め苛立たせる感情から自由な境地について、彼は別の書簡で次のように語りかけている。

……偉大な精神の人々は、彼らに起こるすべての事柄において、最も悲痛で耐えがたい事柄においてさえも、自らの内に満足を得ます。そうして彼らは、身体に苦痛を感じていてもそれに忍耐強く耐える練習をします。彼らの力によってなすこの試練が、彼らにとって快いものなのです。……結局、どんな大きな幸運も、決して彼らを熱狂させもしなければより尊大にもしないように、どんな大きな不運もまた、彼らを打ちのめしたり……悲しませたりすることはないのです。(同七二―七三頁/1645.5.18)

最も悲痛で耐えがたい事柄も自分の外なるものとして捉えることのできる「偉大な精神の人々」は、どんな大きな幸運にも不幸にも動じない[61]。デカルトはその平静な心のありようを、舞台を鑑賞する心境に喩えてもいる。たとえば、どれほど悲しく痛ましい舞台が上

[61] デカルトに先立つ時代のニッコロ・マキャヴェリ(一四六九―一五二七)も、ストア派の影響を受けつつ、この点に関してデカルトと近い考えを表明している。すなわち、「偉大な人間は、いかなる運命においても常に変わることなく……むしろ常に不屈の心をもち続け、自分自身の生き方に忠実そのものであり、だからこそ誰の目にも、運命は彼らに何らの影響も残さなかったと見て取れる」(『ディスコルシ』第三巻第三一章)というのである。人生と運命をめぐるマキャヴェリの議論については、ほかに『君主論』の第二四、二五章なども参照してほしい。

演されており、その芝居を目の当たりにする我々がどれほど悲しい気持ちになろうとも、それは我々の身を切る本当の悲しみではない。芝居で起こっていることは、自分とは切り離された無関係な出来事なのだから、それを眺めることはむしろ、「我々に気晴らしを与えることがよくある」（同七二頁／1645.5.18）ほどである。これと同様に、自分の力の外にある一切を「まるで芝居の出来事を見るように見る」（同）ことができるのが「偉大な精神の人々」であるとデカルトは考える。そして、彼はエリザベトに対しても、この境地を目指すように勧めるのである。

……我々の外にあり、我々の自由意志に依存していないものは、すべてこれを軽視すべきだと私は思います。このやり方で我々は、外からやって来るすべての悪が、たとえどんなに大きなものであっても、役者が我々の前で何かとても痛ましい場面を演じるときに引き起こされる悲しみ以上のものとして我々の心に入ってくるのを、避けることができるようになります。しかし、この点に達するまでには、すぐれて哲学者であらねばならないことを私は認めます。（同一七五頁／1646.1）

修練と省察を重ね――デカルトの言い方をすれば、すぐれて哲学者であり続け――、自分の力の外にあるものを自分自身から切り離し、まるで芝居のなかの出来事のように見るべく努めよ。この習慣さえ身につけば、悲しみや不安、後悔といった苦しい感情から解放されるだろう。そう彼はエリザベトに説くのである。

†目的か、副産物か

しかし、この一連の書簡におけるデカルトの主張は、実際のところストア派から逸脱したものになっている。

先に確認した通り（本書186頁）、ストア派にとって心の平静の獲得は、最高善の完成に伴う副産物に過ぎない。あくまでも彼らの目的は、善く生きることそれ自体なのであって、苦しい感情から自由になる手段として賢者たることを目指すわけではない。この観点からすれば、デカルトは、心の平静を得るという目的のために、自分の外なるものに対する執着を捨てる修練や省察を重ねることを促しているわけであるから、まさに目的と手段が転倒しているということになる。[62]

[62]　この点で、デカルトの立場はむしろデモクリトスやエピクロス派に近いとも言える。というのも、彼らはストア派とは異なり、心の平静こそが人生の目的＝幸福それ自体だと見なすからである。（なお、デモクリト

とはいえ、これに関しては、現実に不運に見舞われているエリザベトを慰め、励ますという文脈で上記の書簡が書かれたという点も考慮すべきだろう。つまり、このような文脈では、他の目的の副産物であろうがなかろうが、心の平静を得られるという効果に比重が置かれた説明となるのは当然だと言えるかもしれない。たとえば、後期ストア派の代表的論者であるセネカも、生き別れや死に別れといった悲しみを抱えた特定の人物に向けた「慰めの書（consolatio）」を複数著している（『マルキアに寄せる慰めの書』、『ポリュビウスに寄せる慰めの書』、『ヘルウィアに寄せる慰めの書』）。そして、そこではやはり、ストア派の思想に沿って物事を捉えることが、悲痛な感情から解放される効果も併せてもつということが、無視できない重要性を自ずと帯びるかたちで語られることになる。それこそ、「苦しみの治療」（『マルキアに寄せる慰めの書』1.8）を施し、「頑固な悲痛の思いに対処する」（同）ものとして自らの思想を説く、という具合である。

それから、書簡のなかでデカルトが繰り返し、心の平静に達するのは容易ではなく、長く厳しい修練と省察が必要であることを強調している点も、忘れてはならないだろう。〈自分の外なるものを、芝居の出来事を見るように見る〉というのは、少なくともデカルトにとっては、お手軽に実践できる発想の転換などではない。むしろ、その達観を得ること自体が偉大な達成なのである。

肝心なのは、ストア派がいかに心の平静の獲得を副次的なものとして位置づけようとも、有徳な生き方に必ずその効果が伴われるのだとしたら、どちらが目的でどちらが手段かというのはどうしても曖昧なものになる、ということである。これと類似した問題は、〈現世でひたむきに善行を積むことが、来世で幸福を得る条件となる〉という因果応報の構図にも見て取ることができるが、この点に関しては、次章以降、本格的に近代に舞台を移した後に検討することになる（本書278頁）。

スの考えについては本書93－95頁を、エピクロス派については、先の註27、52、54を参照してほしい。）

また、デカルト自身も、ストア派に対して実際に批判的な眼差しを向けている箇所がある。たとえば彼は、ストア派の教説は壮麗な砂上の楼閣であり、彼らが「徳」と呼ぶものは、実際には感情が無いことや、賢者を神々に比す傲慢さなどを意味しているに過ぎないという非難を向けたり、あるいは、彼らは「幸福な生とは自然との一致である」ということの意味を極めて曖昧にしか説明していないという不満を表明したりしている（『方法序説』AT. VI.7-8、『デカルト＝エリザベト往復書簡』七一頁／1645.5.18、一〇八－一〇九頁／1645.8.18、等）。

第7章　アダム・スミス

1　道徳的評価の二種類の枠組み

前章では近代哲学の扉を押し開けたデカルトについて触れた。彼は、善き生と幸福の条件から運の要素を徹底して排除するストア派の思想を――ある種の倒錯を含みつつ――継承していた。本章では、さらに時代を下り、アダム・スミス（一七二三―九〇）が展開した思考を主題的に扱っていく。スミスもまた、ストア派から大きな影響を受けた議論を展開している。ただ、彼は同時に、道徳と運の関係をめぐって、ストア派とは重要な点で距離を置いてもいる。その一連の消息をこれから確かめることにしよう。

†哲学者スミス

「アダム・スミス」という名は、一般的には『国富論（諸国民の富）』を著した古典派経済学の祖として知られているだろう。しかし、彼は何よりも、グラスゴー大学の道徳哲学教授として長く教鞭を執った哲学者・倫理学者である。彼が自身の倫理学説を提示した『道徳感情論』は、一七五九年に初版が刊行されて以降、実に五回も改訂が重ねられ、最後の第六版が出たのは一七九〇年、彼が死去する半年ほど前のことだった。死の直前まで三十年以上も『道徳感情論』に手を加え続けていたという事実は、彼がこの著作にどれほど心血を注いでいたかを雄弁に物語っている。

では、この著作で彼はどのようなテーマを追っているのだろうか。それは、行為や行為者に対してなされる道徳的な評価ないし判断――「善い」「悪い」等の是認や否認、称賛や非難といったもの――の原理とは何か、である。そして、その探究の過程で彼は、古代の倫理学の遺産を受け継ぎつつ、運の問題をめぐって興味深い思索を展開しており、次の第Ⅲ部で取り上げる現代の議論とも強い関連性をもっている。

なお、そうした探究を遂行する著作にスミスが『道徳感情論』という題名を付しているのは、彼が道徳的な評価というものを、ある種の感情――道徳感情(moral sentiment)――だと見なす立場をとるからにほかならない。(この立場に関しては、後の本章第4節でも再び取り上げる。)

†動機の評価と、結果の評価

道徳的評価の原理とは何か。スミス自身の議論を見る前に、まず一般的な水準の話として、行為（および行為者）の道徳的評価というものがおおよそ二種類の枠組みに分かれることを確認しておきたい。それは、動機に重きを置いた評価と、結果に重きを置いた評価である。

たとえば、家屋の建築現場で、親方が一階部分、弟子が二階部分の作業を行っていたとしよう。あるとき、弟子がハンマーを一階に落とし、それが親方の頭に当たって怪我をさせてしまったとする。このケースを目撃していた者は皆、弟子が不注意でハンマーを落とした場合よりも、親方に対して恨みの感情をもち、痛い目に遭わせたいという動機から、頭上にハンマーを落とそうと意図していた場合の方が、より強い非難に値すると見なすだろう。さらに、この弟子が、親方に怪我をさせたいという動機をもっていた場合よりも、殺してやりたいという動機をもっていた場合の方が、非難の度合いは高まるだろう。つまり、こうした観点からすれば、人は動機に重きを置いた道徳的評価を下していると言える。

しかし、他方で、実際にどのような行為がなされ、どのような結果がもたらされたかという観点も、我々が普段行っている道徳的評価には確かに含まれる。行為とはたいていの場合、行為者がどういう動機をもっていたかという点だけで自己完結するものではなく、何らかの結果をもたらし、その影響を受ける関係者が存在するものである。それゆえ、ある行為の結果が称賛（あるいは非難）に値するものかどうかというのは、その行為を道徳的に評価する本質的なポイントとなるのである。

たとえば、弟子が不注意で意図せずハンマーを落とした後、運よく誰にも当たらなかった場合と、運悪く親方の頭に当たってしまった場合を考えてみよう。親方が弟子をより強く叱責するのはもちろん後者の場合だろうし、事故を目撃していた観察者もそれを当然と思うだろう。つまり、人はここでは、行為の動機ではなく結果に重きを置いた道徳的評価を下していると言える。

†適切性の評価

そして、スミスも、道徳的評価のこの二つの側面を視野に入れた議論を展開している。これからその中身を確認していくことにしよう。[63]

[63] ただし、以下の〈適切性の評価〉と〈功罪の評価〉をめぐる解説は、スミス自身が行っているものよりもかなり簡略化しており、スミスが用いている重要な概念である「共感（sympathy）」にまつわる説明も省いて

まず、彼が評価の枠組みの一種として挙げるのが、適切性（propriety）の評価である。これは、おおよそ先述の動機の評価にあたるものと見なして差し支えない。もう少し詳しく言えば、かくかくの状況に照らして、行為者がしかじかの動機（および、それに関連する意図や感情といった心の働き）をもつのはもっともであるとか、あるいはそうではないと観察者が判定するのが、適切性の評価の大枠をなす。

†功罪の評価

では、先述の結果の評価にあたるものについては、スミスはどう考えているのだろうか。彼は、この種の評価に対しては深刻な問題を見て取っている。というのも、行為の結果というものには運が影響を与えうるからである。そして、「結果を左右するのは行為者ではなく運（fortune）なのだから、行為者の人格や行為に対する感情の根拠として適したものにはなりえない」（同 II. iii. intro. 2）と、スミスは主張するのである。

たとえば、親方が弟子を窮地に陥れようと、誤った情報を教えたつもりが、実はその情報は正しくて、図らずも弟子の役に立ち、感謝されてしまったとしよう。つまり、この親方は結果としては善行をなしたことになるのだが、だからといって我々は、嘘だと思う情報を教えたその行為を称賛しないだろうし、その親方を善人と評価したりしないだろう。

テオグニスが強調していたように（本書55頁）、悪意をもってやったことなのに結果として人に喜ばれてしまった、ということや、反対に、よかれと思ってやったことが逆効果になり、むしろ悪い結果をもたらしてしまうことは起こりうる。いずれにせよ、現実に生じた結果を基に考慮するのでは、結果には運が介在する以上、道徳的評価に運の要素が混入してしまうことになる。それゆえ、この種の評価は本来ならば、行為者が動機や意図をもった時点で予想される結果を基に行われるはずのものだとスミスは指摘する。そして、そのような評価の枠組みを、彼は〈功罪（merit/demerit）の評価〉と呼ぶ。

繰り返すなら、〈功罪の評価〉は原則的には、結果の評価とは異なり、現実に生じた行為の結果ではなく、あくまでも予想される結果に関して、その功績（merit）と罪過（demerit）を観察者が評価する枠組み、ということになる。つまり、〈功罪の評価〉は、運に左右されるという欠点をもつ〈結果の評価〉の修正版とも呼べるものなのである。

いる。図や具体例を豊富に用いたより詳しい説明は、堂目『アダム・スミス』二七－四三頁を、また、スミス自身の用語法に即した簡明な解説としては、島内「アダム・スミスにおける道徳感情の不規則性」三八－三九頁などを参照してほしい。

†まとめ――「行為の道徳的評価は本来、行為の計画に対して下されなければならない」

以上のようにスミスは、行為や行為者の道徳的評価が一般に動機の評価と結果の評価に大別されることに配慮しつつも、結果は運に左右されるものである以上、正当な道徳的評価（称賛や非難、是認や否認）の対象として適したものにはなりえない、という立場をとる。そのため、動機の評価に対応する〈適切性の評価〉と、それから、結果の評価の修正版と言える〈功罪の評価〉を、道徳的評価の二種類の枠組みとして提示している。スミス自身はこう述べている。

> 行為に正当に与えうる称賛や非難、是認や否認はすべて、究極的には行為者の意図（intention）や心的傾向に基づかなければならない。すなわち、行為の計画（design）が適切なものか不適切なものか、有益なものか有害なものか、ということに基づかなければならない。（『道徳感情論』II. iii. intro. 3）

そして、スミスによれば、「このように抽象的で一般的な用語で示されれば、この原則に同意しない者など誰もいない」（同II. iii. intro. 4）。実際、罪の成立を行為者の悪しき意図（あるいは、悪しき意図への同意）などの内面に求めるという、いわゆる意図（意志）の倫理学は、中世のアウグスティヌス（三五四―四三〇）やアベラルドゥス（一〇七九―一一四二）らによって長く唱えられてきた、西洋の伝統的見解と言える。つまり、スミスはここでは、そうした「意図（意志）の倫理学」の伝統に棹さしており、〈正当な道徳的評価は運に左右されて下されてはならず、それゆえ、行為者の事前の計画に対して下されなければならない〉という原則――これをスミスは公正の原則（equitable maxim）と呼ぶ――を、誰もが同意するはずの真理だと指摘するのである。

2　偏りなき観察者

†道徳的評価を下す観察者とは誰のことか

以上のスミスの議論に対しては、直ちに次のような疑問が浮かぶだろう。〈適切性の評価〉にせよ〈功罪の評価〉にせよ、道徳的評価を下す観察者とはいったい誰のことなのか、と。

たとえば、観察者が邪悪な人物であったとしたらどうだろう。その観察者は、人を貶めたいという動機を適切と評価したり、詐欺的な行為の計画を功績ある行為として評価したりするかもしれない。また、たとえ一般に善良と見なされうる人物であったとしても、価値観や好みなどは人によって様々であるし、同じ人物でも時と場合によって評価内容が変わってくることもある。つまり、スミスの議論に従うと、道徳的評価というものが人や状況によって変化しうる相対的で不安定なものとなってしまいかねない。

†偏りなき観察者、自分自身に相対する内なる裁判官としての「良心」

スミスは、この種の疑問を端《はな》から見越している。それゆえ彼は、観察者が偏りなき観察者（impartial spectator）――あるいは、中立的な傍観者（indifferent by-stander）、第三者（a third person）――の視点から評価を行うことが、正当な道徳的評価の基準となると指摘している。彼自身の叙述を引いておこう。

> 他我の相反する利害を正しく比較できるようになるには、我々は立場を変えなければならない。自分の場所からでも他者の場所からでもなく、自分の目からでも他者の目からでもなく、第三者の場所と目から眺めなければならない。その第三者とは、どちらとも特別な関係がなく、我々の間で中立の判断をする者である。（同III. 3. 3）

さらに、スミスによれば、そうした〈偏りなき観察者〉の眼差しは、他者の行為だけではなく自分自身の行為を評価する場合にも等しく向けられるものである。「我々が自分自身の行為を自然に是認したり否認したりする際の原理は、他者の行為に対して同様の判断を下す際のものと、全く同じ」（同 III. 1. 2）だというのである。

そしてスミスは、そのように自分自身に相対する〈偏りなき観察者〉を、良心（conscience）と呼んでいる。自分自身の心を誤魔化さずに落ち着いて見つめ、その善し悪しを適切に判断するのは難しい。自己欺瞞という「人間に不可避な弱点は、人間の生活を混乱させる原因の半分である」（同 III. 4. 6）。しかし、だからこそ、我々が良心に照らして自分を客観的に眺め、自分が何をすべきか、何をすべきであったかを判断することが重要となる。なぜなら、「我々は自分の内なる裁判官によってのみ、自分に関係する物事を正しいかたちと規模で見ることができ、自分の関心と他者の関心とを適切に比較することができる」（同 III. 3. 1）からだ、そうスミスは強調するのである。[64]

［64］ スミスの良心論とその射程をより詳しく解き明かしている論考に、柘植『増補版　良心の興亡』第四章がある。

では、そうした「内なる裁判官」の視点——偏りなき観察者、中立的な傍観者、第三者の視点——を、人々はどのようにして獲得するのだろうか。スミスによればこの視点は、多様な経験を通じて個々人の胸中に育まれるものだという。たとえば、ひとつの行為をめぐって観察者たちの評価がバラバラであったり、利害関係が絡むと評価が歪んだりするのを身をもって経験するなかで、「我々はまもなく、そうした偏った判断から自分たち自身を守るために、我々自身と我々がともに生活する人々との間の裁判官を、自身の心に設けることを学ぶ[65]」。それは、好悪や利害などによって偏りがちな評価の場から、「公平で事情に精通した観察者の法廷として想定されるものへ」(同 III. 2. 32)と移行し、その法廷において、称賛や非難、是認や否認などを行っていく、ということである。

3 ストア派への接近

†胸中の半神

ここまで、行為の道徳的評価をめぐるスミスの議論を概観してきたわけだが、そこには、ストア派の思想と関連する部分を数多く見出すことができる。スミスは古代ギリシア・ローマの哲学に精通しており、『道徳感情論』でも至るところでストア派への言及があることからも（同 III. 3. 11–30, VII. ii. 1. 15–47, etc.）、スミスに対するストア派の影響の深さを窺うことができる。[66]

まず、スミスが、行為の善し悪しをはかる基準として、沈着冷静で事情に精通した〈偏りなき観察者〉という理想的存在を想定する点は、ストア派が、現実にいるどの人間でもない普遍的な神（＝理《ことわり》、自然）に従うことを行為の指針として立てている点と似通っている。実際、スミスは、自身に向けられた〈偏りなき観察者〉たる良心を、神の代理のような存在として特徴づけ、「胸中の半神《デミゴッド》」（同 III. 2. 32）とも呼んでいる。

---

[65]　この引用箇所は、『道徳感情論』第二－五版まで存在するが、第六版では削除されている。水田訳（岩波文庫）三〇一頁の訳註および三〇七－三〇八頁を参照のこと。

[66]　これから本文で見ていくように、ストア派をめぐるスミスの議論には、ストア派に対して肯定的な面と否定的な面がある。さらに、その議論の具体的な中身に関しても、『道徳感情論』の初版から第六版に至る過程でかなり変遷が見られる。この点を詳しく跡づけた論考として、田中『アダム・スミスの倫理学』第四章を参照してほしい。

†賢者観、幸福観

また、賢者観についても、スミスはストア派にかなりの程度倣った見方を示している。第5章で見たように、ストア派は、〈自己や自己に関わりのあるものに制約された立場を離れて、世界全体の布置の観点からなされる超越的な規範をもつ者〉として賢者を特徴づけている（本書180頁）。それと同様に、スミスも、「胸中の半神」の目で常にものを見て、いわばそれに同化したように行為できる者を、「真に不動堅固（constancy and firmness）の人、賢明廉直（wise and just）の人」（『道徳感情論』III. 3. 25）として位置づける。

そして、自分が被る悪や逆境が全体の調和に資するのであれば、それを喜んで受け入れよと説くストア派の思想（本書190－192頁）に共鳴するように、スミスもまた、賢明で有徳（wise and virtuous）な人は、神が統べる人類全体の利益のために自らが犠牲となる心構えができている、と主張する（『道徳感情論』VI. ii. 3. 3）。そして、次のように続けるのである。

慈愛に満ちた全知の存在は、普遍的な善にとって不必要な悪が、自らの統治体系に一片たりとも紛れ込むことを許さない――そういう確信が、賢明で有徳な人に習慣として深く刻みつけられているならば、その人は必ずや、自分や友人、社会、祖国に降りかかるであろうすべての不運（misfortune）を、宇宙の繁栄にとって必要なものと見なすだろう。したがって、その人は諦めてそうした不運を受け入れるべきと見なすだけではなく、あらゆる物事の繋がりや依存関係を理解していれば、自ら進んで誠実に献身的に欲すべきであると見なすに違いない。（同）

こうした、まさにマルクス・アウレリウスによる一節（本書191頁）を思わせる賢者像を提示するスミスは、賢者への道程に関しても、ストア派と一致した観点を示している。すなわち、災厄や苦難こそが人を鍛え、賢者への道を拓くと彼らが説くように（190頁）、スミスもまた賢者を、世間の荒波という学校で厳しい自制の修行を積み、派閥争いや不当な取り扱いに巻き込まれ、戦争の困難や危険をくぐり抜けるなどの苦難を経ることで到達する者として描くのである（『道徳感情論』III. 3. 25）。

さらに、スミスの幸福観も、こうした賢者像の延長線上にある。彼は、「幸福とは心の平静と愉しみ（tranquility and enjoyment）にある」（同III. 3. 30）と述べ、「心が完全に平静であるならば、どんな物事でもまず愉しめる」（同）と指摘する一方で、そうした揺るぎのない心の平静は、胸中の半神を自身と同一視する心境に置くことで得られるものだと示唆している（同III. 3. 29）。ここにもやはり、ストア派やその後のデカルトなどに連なる見解を見て取ることができるだろう。

†ストア派との微妙な距離――結果への眼差し

スミスが原則的にとる立場とストア派の思想の間に見出される共通点として、最後に、意図の重視、あるいは結果の軽視というものを挙げることができる。

第5章で確認した通り（本書185頁）、ストア派の立場は、自分の判断や行為の結果がどう転ぶかということよりも、意図の方に意義を見出すものだと言える。そしてスミスも、行為の道徳的評価においては結果を軽視すべきとの立場を鮮明にしている。先の引用を繰り返すなら、「行為に正当に与えうる称賛や非難、是認や否認はすべて、究極的には行為者の意図や心的傾向に基づかなければならない」（228頁）と彼は主張するのである。

ただし、その彼が、動機の評価にあたる〈適切性の評価〉だけではなく、〈功罪の評価〉を道徳的評価の枠組みに含めている点も、同時に看過してはならないだろう。先ほど詳しく跡づけたように、〈功罪の評価〉とは、行為の結果ではなく予想される結果を考慮し、行為の動機と計画を評価する枠組みであって、実質的には、結果を軽視する立場に沿ったものになっている。それでも、〈適切性の評価〉だけでは十分とせず、わざわざ別の評価軸も組み入れていることそれ自体に、結果という側面も無視はできないという、スミスの微妙な立ち位置がすでに見え隠れしている。そしてこの点は、抽象的な一般原則としてではなく、現実に起こった行為をどう評価するかという現実的な局面では、極めて重要な問題として表面化することになる。

4　ストア派からの離反

†無感動の思想への批判

いま述べた最後の論点については、次節で主題的に取り上げる。その前にまず、スミスとストア派の間にある別の相違点について見ておくことにしよう。

スミスの議論がストア派と明らかに違うのは、理性主義を採らず、道徳的評価を「道徳感情」という感情の一種として捉える立場である［67］（本書223頁）。感情といっても、スミス

［67］　この、いわゆる「感情主義」の立場は、スミスの先輩であり友人でもあるヒューム（一七一一－七六）の影響を受けて成立している。ヒュームの理性主義批判および感情主義の内実や、スミスの感情主義の独自性に

の説明する道徳感情とは、〈偏りなき観察者〉の観点が織り込まれた相当に理性的な働きであることは間違いない。それでも、ストア派が賢者を「感情から自由な者《アパテース》」として特徴づけ、道徳的生から感情的要素を極力排除しようとしていた姿勢とは、明らかに異なっている。

さらに、スミスは、感情から自由な心境《アパシー》をストア派が称揚していることを明確に批判してもいる。たとえば、肉親の死に際して過剰に泣き叫ぶ人や、我が子をあまりに溺愛している人に対して、非難が向けられることはある。しかし、それよりも遥かに強い否認を引き起こすのは、むしろそうした感情が不足している人に対してだとスミスは指摘する(『道徳感情論』III. 3. 13-14)。彼によれば、他人の死や苦境に比べて自分の肉親の死や苦境に対してより深い思いやりを示すのは、非難に値しない自然な感情である。もちろん、他人の子よりも我が子を贔屓して甘やかすといったことを、親の多くは適切にも抑制しようとする。しかし、と彼は続ける。

> そうした過剰になりがちな感情が不足していれば、それは特別に嫌なものに見える。自分自身の子どもに何も同情を示さず、あらゆる場合に容赦のない厳格さと苛酷さをもって取り扱う人間は、あらゆる動物のなかで最も唾棄すべき者だと見なされる。

……このようなケースでは、ストア派の唱える〈感情から自由な心境《アパシー》〉は、決してふさわしいものではない。（同III. 3. 14）

取り立てて言うまでもなく、人生のなかで我々の欲求や嫌悪、希望、恐怖、歓喜、悲哀をかき立てる主要な原因とは、自分自身や自分の知り合い、自分の故郷等に直接作用する出来事——つまり、自分から近い出来事——である。そしてそれは、自然によってそう定められていることだとスミスは強調する（同VII. ii. 1. 44）。言い換えれば、「自然が、我々の行為のために大筋を書いておいてくれた計画と体系は、ストア哲学のそれとは全く違っている」（同VII. ii. 1. 43）というのである。

†他者を思いやる心の重視

このようにスミスは、自分からの近さや遠さという偏りの要素を排除したストア派の「自然」観を否定し、〈あらゆる状況下で、誰に対しても、感情から自由な心境《アパシー》を保つべ

ついては、島内「ヒュームとスミスの共感論」に詳しい。

し〉という彼らの教えを批判する。それは、そうした主張が人間の生活のあらゆる出来事に対する無関心を呼び込むからだという。すなわち、「ストア派の哲学は、我々に指示する〈感情から自由な心境《アパシー》〉によって、……自然が我々に対して人生の適切な事業や過ごし方として命じてきた一切の事柄が成功するか失敗するかに対して、全くどうでもいいと思う無関心な状態に仕向けようと努めるのである」（同VII. ii. 1. 46）。

スミスの議論に従うなら、この種の全面的な無関心によって損なわれるのは、夫婦や親子の愛によって促進される「種の存続と繁栄」（同III. 3. 13）だけではない。彼は、「最も完全な徳を備えた人、すなわち、我々が自然に最も愛し、尊敬する人」（同III. 3. 35）の条件として、自分の利己的な感情を完全に抑えられる自制心をもつと同時に、他者の感情――それは身内だけではなく、見知らぬ人々や自分の敵の感情も含まれる――を繊細に感じ取れる、人間愛《ヒューマニティ》の心をもつということを挙げている（同）。そして、「他者の喜びや悲しみを最もよく感じ取れる人間こそが、自分自身の喜びや悲しみの最も完全な制御を獲得するのに適している」（同III. 3. 36）と指摘している。たとえば、他者が肉親を亡くして悲しんでいるときに、その悲しみを本当に理解し、ともに悲しめる人こそが、自分自身の肉親を亡くしたときに、その状況に対して他者からの眼差しを取り入れることができる。そうして、自分の不幸を特別視して強く感じ過ぎることを、その人は抑制できるだろう。

もっとも、他者の感情を繊細に感じ取れるというのは、あくまでも、高い自制心を獲得する素質をもっているということだとスミスは強調している。目上の者の横暴、同僚の嫉妬や悪意ある羨望、目下の者が陰で働く不正、さらには暴力的な闘争や戦争の危険と困難といった試練を実際にくぐり抜けなければ、この自制の徳は身につかない。「困難、危険、不当な扱い、不運は、この徳の実践を習得するための唯一の教師である」(同)。これに類するポイントは先にも確認した(本書235頁)。しかし、他方で、他者の境遇に深く関心を抱き、その感情に寄り添えるという素質をもたなければ、いくら厳しい修練を重ねても十全な徳を備えた人にはなりえないとスミスは強調するのである。

†環境の影響

さらに、彼によれば、試練のただなかにある人は他者を思いやることができない。というのも、「苦境にさらされている人は、何よりもまず、自分自身の感情に注意し抑制することに専念せざるをえない」(『道徳感情論』III.3.37)からである。逆に言えば、人間愛の徳はまさに平穏な環境の下でこそ養われ、よく発揮される、ということである(同)。

この、環境の影響というファクターは、スミスが随所で指摘している点である。たとえば彼はこうも述べている。

不道徳でふしだらな人間とだけ交際する人は、たとえ自分がそのような人間にはならないとしても、不道徳でふしだらな振る舞いに対してそれまでもっていた嫌悪感を、早晩なくしてしまうだろう。（同 VI. ii. 1. 17）

この洞察を日本のことわざで表すならば、「朱に交われば赤くなる」ということになるだろう。誰と交際するかによって人は否応なく感化され、物事の善悪を捉える見方も変わらざるをえない。だからこそ、各人がその胸中に〈偏りなき観察者〉を育てるためには、身内や同類とだけ交際するのではなく、多様な価値観や利害関係をもつ多様な人々と意識的に交わっていく必要があるとスミスは説いている（同 III. 3. 38-40）。

†見えざる手

このように、スミスの議論にはストア派と重なり合わない部分がある。不動堅固の賢者を称揚する点では両者は同じだが（本書234頁）、しかし、近しい者に対して自然に愛情をもつことも、それから、他者全般の幸福や不幸に対して感受性をもつことも、スミスは重視している。それは、これ見よがしな同情ではなく、慎み深く静かな感情ではあるだろうが、いずれにせよ、無感動や無関心とは程遠いものだ。

しかも、彼によれば、そのように他者を思いやる人間愛の徳が養われ、発揮されるには、それ相応の平穏な環境を必要とする。また、日々どのような人々と交わって生活するかという環境の違いが物事の善悪を捉える見方に影響を与えることも、彼は認めている。これらの点でも彼の立場は、いかなる環境にも左右されない賢者というストア派の理想との乖離を見せている。

以上の彼の議論から浮かび上がってくるのは、他者に関心をもち、他者から影響を受け、場合によって賢者でも愚者でもありうるような、現実的な人間像である。このことを典型的に示しているのは、彼のいわゆる〈見えざる手〉の議論だろう。

賢者ではない大半の人間は、人生の真の目的や幸福の内実を見通すことができず、多くの富や高い身分を、真の美しさや高貴さと混同してしまいがちである。そして、より多くの富を得て、より高い地位に昇ろうと励む。しかし、スミスによれば、これは一概に人間の見当違いや愚かしさに帰されるわけではなく、いわば自然によって操られているとも見なしうる。そして、「自然がそうやって我々を欺すのはよいことだ」(『道徳感情論』IV.1.10)と彼は言い放つ。というのも、この種の混同こそ、決して完全には人生の目的を見通せない不透明な状況のなかにあって、しばしば人々を継続的な勤労や工夫へと駆り立て、耕作地や都市を拡大させ、科学や技術の発展を促し、そうして、あたかも見えざる手（an invisible hand）（同）に導かれるように、社会全体の利益とその分配の拡大に寄与させるからである[68]。

この議論に対しては、利益と幸福は果たして同じものなのか、という疑問が当然生じうるだろう。実際、耕作地や都市の増大といったものが、そのまま全体の幸福を必ず意味するとは言えない。その点では、徳に基づく幸福という観点を重視する道徳哲学者の立場とは異なるスミスの側面が、ここに現れていると言えるかもしれない。すなわち、〈見えざる手〉の働きそれ自体に重大な意義を見出す経済学者としての彼の側面である。

他方で、この〈見えざる手〉の議論は、運という概念の多面的な意味合いを掬《すく》い取るものとして捉えることもできる。これまで本書で見てきた哲学者たちは基本的に、運を偶然という側面からのみ捉えようとしてきた。しかし、スミスは〈見えざる手〉の議論において、偶然とも必然とも言いがたい作用、あるいは、偶然と必然の相即とも言いうる局面を摑まえている。そしてそれは、本書の第Ⅰ部全体で跡づけたように、運という概念が本来的に備えている特徴でもあるのだ。

†地上の人間の道徳を求めて

ともあれ、以上のような、人間の人間らしさに通じたスミスの眼差しは、ストア派の立場、すなわち、徳と悪徳との中間領域を認めず、賢者にあらざる者はみな愚者であるとする立場（本書192－193頁）とは、ほとんど対照的とすら言える。

実際、彼はストア派のこの基準を指して、「的を射る際に一インチだけ外した人物は、百ヤード外した人物と、的を外したという点では同じ」（『道徳感情論』VII.ii.1.40）と主張するものだと批判している。彼らが採用するような厳格な基準の下では、「いかなる人間の行為も永遠に非難に値するようになり、不完全であるように見えるはずだ」（同I.i.5.9）というのである。逆に言えば、スミスは、道徳的な生のありように種類の違いや程度の差といったものを認めるということである。

彼によれば、完全に適切で正当な行為のなかには、〈腹が減ったから何かを食べる〉というような、どれほど凡庸で低俗な人でも可能なものから、完全な自制や人間愛の徳を発

［68］　この〈見えざる手〉の議論を展開した著作として一般に有名なのは、この『道徳感情論』ではなく、むしろスミスのもう一方の主著『国富論』の方だろう。そこでは、個人が自分の儲けだけを意図して勤労を続けることが、意図しない社会全体の利益をかえって実現させる場合が多いことが、やはり〈見えざる手〉の比喩を用いて指摘されている（『国富論』第二分冊・三〇三頁／第四編第二章）。

揮することのような、並外れた感嘆すべきものまで、一定のグラデーションが存在する。そして、後者の有徳な行為を常に行うことは、現実の人間には難しい。なぜなら、「徳とは、大衆的で通例的なものを遥かに超えた卓越性であり、格別に優れて美しいもの」（同I.i.5.6）だからである。それゆえ彼は、「並の道徳に徳など含まれない」（同）とまで言う。ただし、そのときどきの行為が、そうした「格別に優れて美しいもの」に限りなく近づくことはありうる。大部分の人間が一般的に到達し、非難や称賛の対象となる行為とは、「非の打ちどころのない完全性からどの程度隔たっているか、あるいはそれに近づいているか」（同I.i.5.9）という観点から測られるものだというのである。

総じて、スミスの『道徳感情論』の主題は、田中正司の言葉を借りるなら、「ありのままの人間の弱さと不完全性を前提した地上の人間の共同生活のモラルの確立」（田中『アダム・スミスの倫理学』四二二頁）だと言えるだろう。スミスは、抽象的な原理原則という面ではストア派に接近しつつ、現実的にはそこから離反した論点を示している。そして、そのことが最もよく顕れているのが、彼が感情の不規則性（irregularity）の問題と呼ぶ、まさしく運の問題をめぐる議論にほかならない。

5 〈感情の不規則性〉をめぐって[69]

†行為の評価は結果が出てから下される

先に見た通り、スミスは、〈行為に正当に与えうる称賛や非難、是認や否認はすべて、究極的には行為者の意図等に基づかなければならない〉という公正の原則を掲げている。そして、そのように抽象的で一般的なかたちで示されれば、この原則に同意しない者など誰もいない、と続けている（本書228頁）。この叙述の裏にあるのは、現実の具体的な場面においては必ずしもそうではないということだ。

重要なのは、行為に対する評価とは基本的に、行為が実際になされ、結果が出てから下されるものだ、ということである。スミスの言う〈功罪の評価〉は一応、原則としては、

[69] スミスの「感情の不規則性」の議論をめぐる、本書より詳細かつ踏み込んだ論考としては、島内「アダム・スミスにおける道徳感情の不規則性」および長田「アダム・スミスにおける道徳的運の問題と良心」がある。

行為者が動機や意図をもった時点で予想される結果を基に下されるもの、とされる（227頁参照）。しかし、現実的には、行為者が何ごとかをする直前に、その動機や意図の中身を観察者がきちんと特定する余裕などなく、すでに行為がなされてしまっているケースが大半である。

また、そもそも我々には、誰かが実際に行為するまで、その人がどのような動機や意図をもっていたかを知ることは困難だ。さらに、その人が事前にどんなことを考えていたかが仮に分かったとしても、それが後に実際に行為を引き起こす動機や意図であるとは限らない。（たとえば、その人は朝からずっとカツ丼を食べたいと思っていたが、定食屋でいざ注文する段になると、にわかに健康のことなどが気になって、煮魚定食を頼むかもしれない。）

それゆえ、現実の具体的な場面では、繰り返すように、行為者が動機や意図をもった時点ではなく、行為が実際になされ、結果が出た時点で、〈功罪の評価〉が下されることになる。

†世界を支配する運——理想と現実の違い

だが、そうなると、人々の評価が結果に引きずられることはやはり避けがたい。たとえば、誰かが腹が立って人を殴ったとき、相手が軽傷で済んだ場合と、打ちどころが悪くて死んでしまった場合とでは、加害者に対する人々の評価は著しく異なってくるだろう。この点について、スミス自身は次のように述べている。

先のように抽象的に考えたときには、公正の原則にすっかり納得がいくように思えるかもしれない。だとしても、我々がいざ個別の事例に直面すると、何かの行為から偶然的に生じた現実の結果が、その功罪についての我々の感情に極めて大きな効果をもたらし、ほぼ確実に、功罪の感覚を高めたり低めたりするのである。(『道徳感情論』II.iii.intro.5)

テオプラストスが「人生を支配するのは運(fortuna)であり、知恵ではない」と述べたように(本書203頁)、スミスもまた、「世界を支配する運(fortune)は、その影響を認めようという気持ちが我々に最も少ない場合ですら、一定の影響を及ぼし、人々が自他の性格や行為に対して抱く感情をある程度まで方向づける」(『道徳感情論』II.iii.3.1)と認める。つまり、一方では彼は、運に左右される結果を基に行為者を称賛したり非難したりするのは正当ではないと主張し、だからこそ、結果の評価の修正版とも言える〈功罪の評価〉という枠組みを提示するのであるが、他方では、その理想を現実の世界で貫くことはほぼ不可能だと認めるのである。人々が現実の場面で実際に下す道徳的評価はどうしても運の影響を受け、確かな真理であるはずの公正の原則からしばしば外れたものになってしまう、ということである。これをスミスは、〈感情の不規則性〉と呼ぶ（同 II. iii. intro. 6ff）。

†過失の諸相

彼の言う〈感情の不規則性〉が最も鮮明なかたちで露わになるのは、過失に対する非難のケース、すなわち、意図せずになされた行為に対して非難が向けられるケースだろう。実際、彼は過失という行為に着目しつつ議論を進めているが、その際に彼はまず、ローマ法以来の伝統に則り、これを以下の三種類に腑分けしている（同 II. iii. 2. 7–10）。

【重過失】結果として誰に何も害を及ぼさなくとも、何らかの処罰に値する行為。

【軽過失】明らかに不注意や怠慢が認められ、それ自体としてある程度の非難には値するものの、事故などの悪い結果が発生しなければ処罰には値しない行為。

【最軽過失】あらゆる潜在的な結果を際限なく心配する臆病さと用意周到さが欠如していただけの行為。すなわち、何か悪い結果が発生しなければ非難に値すると見なされることすらないような、入念な注意というものの欠如。

このうち、〈重過失〉の一例としてスミスが挙げているのは、人々が行き交う往来に向けて、誰に警告することもなく、また、どこに落下するかという配慮もなく、大きな石を適当に投げ込むという行為である（同 II. iii. 2. 8）。この種の行為に対しては、人を害する悪しき意図があったも同然だ——現代の法律用語で言えば、いわゆる「未必の故意」があった——と見なされ、それだけで処罰の対象となる可能性が高い。しかし、同時にスミスが強調するのは、この投石によって往来の人が傷ついたり死んだりすればその罪は遥かに重くなるということ、あるいは逆に、結果として誰も傷つかなかったのに傷害や殺人と同等の処罰が科せられるとしたら、「公正さについての我々の自然な感覚に、これ以上の衝撃を与えるものはない」（同）ということである。

また、〈最軽過失〉に関して彼は、ある男性が跨《また》がった馬が急に暴れ始めて制御できなくなり、たまたま隣人の奴隷を踏みつけてしまい、損害を補償する義務が発生した、という古代ローマの例を挙げている（同 II. iii. 2. 10）。この男性に対して我々の多くは、そんな馬に乗るべきではなかったとか、乗ろうとしたこと自体が軽率だったと非難するだろう。しかし、仮に彼が乗馬を拒否して、それゆえ事故も生じなかったとしたら、我々はむしろ、彼の臆病さや取り越し苦労を笑っていただろう、そうスミスは指摘する（同）。

そして、この例に絡めて彼が同時に強調するのは、観察者や関係者がそのように行為者を非難するだけではなく、「この事故によって無意識のうちに他者に損害を与えた人物自身が、被害者に対して、何らかの罪に値するという感覚をもつ」（同）ということである。この点を彼は極めて重視する。

†「罪についての誤った感覚」——悲劇の源泉

人はこの種の罪の感覚を、〈最軽過失〉を犯した場合だけではなく、もはや過失とも言えない場合、すなわち、自分に何の落ち度もない行為が悪い結果をもたらした場合ですらもつことがありうる。スミスによれば、この事実を如実に示し、かつ、非常に効果的に利用しているのが、古今の演劇における悲劇的な場面である。

故意に計画して行ったならばこれ以上ない非難を受けるであろう行為を、偶然のいたずらで引き起こしてしまった人物が抱く苦悩は、古今の演劇において最も見事で興味深い場面を生み出してきた。そう呼んでよければ、罪についてのこの誤った感覚(fallacious sense of guilt)こそが、ギリシアの演劇におけるオイディプスやイオカステ、イギリスの演劇におけるモニマイアやイザベラの苦悩の全体をかたちづくっている。彼らのうち誰一人として法律上最も軽い罪すら犯していないにもかかわらず、全員が最も深い贖罪の念を抱くのだ。（同 II. iii. 3. 5）

オイディプスとイオカステの悲劇については、本書の第2章第4節以下で主題的に扱った（66－84頁）。モニマイアとイザベラはそれぞれ、十七世紀半ばから末頃にかけてイギリスで上演され大好評を博した悲劇[70]において、それと知らずに義兄と関係をもったり、あるいは、夫がまだ生きているのを知らずに再婚するなどして、深い自責の念に駆られる人物である。それはスミスによれば「誤った感覚」ではあるが、彼らがとにかくそのような感覚をもち、また、観客もその感覚を理解するからこそ、悲劇が悲劇として成立するのである。

そしてスミスは、この「誤った感覚」が、架空の舞台のなかだけではなく現実の我々の生活においても間違いなく生じているものであることを強調している。たとえば、「人間愛のある人が、非難すべき過失など全く犯すことなく、偶然によって他者の死の原因となってしまった場合、彼は、法律上の罪はなくとも贖罪をしなければと感じるだろう」（『道徳感情論』II. iii. 3. 4）。彼はその不幸な出来事を生涯忘れないだろうし、死亡者の家族が貧しく、自分がまずまずの境遇にあるならば、その家族は世話や思いやりを受ける権利をもっていると考えて、自分の保護の下に置いたりするだろう。あるいは、その家族の方が自

[70] Thomas Otway, *The Orphan* および Thomas Southerne, *The Fatal Marriage*

分よりも裕福で地位も高いならば、あらゆる礼を尽くし、哀悼の意を捧げ、自分にできる限りの償いをしようとするだろう（同）。

†〈感情の不規則性〉の肯定的側面①——他者の幸福の尊重

このように、人間の自然な特性として、罪についての誤った感覚や〈感情の不規則性〉というものは確かに存在するとスミスは強調している。では、このことによってスミスは何を言いたいのだろうか。理想と現実は違うという諦念を表明し、結果に惑わされてしまう人間の愚かさを嘆いているだけなのだろうか。

そうではない。興味深いことに、人間存在につきまとうこの特性に対して、スミスは肯定的な側面も見出しているのである。

たとえ〈最軽過失〉であっても、あるいは過失ですらなくとも、自分の意図しない行為によって害悪が生じたとき、人はそれを他人事とは思えず、まさに当事者としての罪の意識や贖罪の念を抱く。スミスによれば、人はこの感覚をもつことによって、知らないうちに他者に危害を加える可能性があることを気にかけ、他者から向けられる憤りを怖れることができるようになる。それは言い換えれば、他者の幸福を尊重することを学ぶ、ということにほかならない（同 II. iii. 3. 4）。彼は次のようにも述べている。

……感情の不規則性のせいで、貢献を夢見て不成功に終わった試みの価値が不完全なものに思えてくるし、行為を伴わない単なる善意や親切心であれば、なお一層不完全な価値しかないものに思えてくる。しかし、こうした不規則性が全く効用をもたないわけではない。人間は行為するためにつくられたのであり、皆の幸福に最も資するべく、自分の能力を尽くして自他を取り巻く外的環境を変えるという目的のためにつくられたのである。人間は、心のなかで世界の繁栄を強く願っているからといって、行動を伴わない善意で満足してはならないし、自分は人類の友だなどとうぬぼれてはならない。人間の存在理由であるこの目的の実現に向けて、自分の精神の全活力を呼び覚まし、あらゆる神経を最大限に働かせることができるように、自然は人間に対して次のことを教えておいたのである。すなわち、自分自身も人類も、この目的を実現しない限り、その行動に完全に満足することはできないし、最大の喝采を与えることもできない、ということを。（同 II. iii. 3. 3）

人間は行為するために存在する、とスミスは言う。そして、人類の幸福に資するべく、全力を尽くして世界を変えていくことこそが人生の目的であるという。しかし、〈感情の不規則性〉がなければ、人は行動を伴わない善意をもつことで満足してしまうかもしれない。逆に言えば、〈感情の不規則性〉という特性を備えることで人は、善き動機や意図をもつだけでは満足せず、現実に善き結果をもたらすように努力し続けられる、ということである。（ちなみに、この考え方からすれば、たとえばストア派の思想は、同様に「人類全体を自分の下に眺める」［本書181頁］ものではあるが、人類全体の幸福に向けた不断の努力を課すものではなく、その眼差しは人間愛を伴わない冷淡なものだ、ということになるだろう。）

†〈感情の不規則性〉の肯定的側面②――「異端審問」の回避

さらに、スミスは、〈感情の不規則性〉にはもうひとつの肯定的側面があることを指摘している。それは、我々の内面や思想の安全を確保するという側面である。

もしも、計画の有害性や心的傾向の邪悪性だけが我々の憤りを引き起こす原因だとすれば、たとえそれらが行為となって顕れなかった場合でも、胸中にそうした計画や悪意を秘めているのではないかと疑われる人物に対して、我々はその情念の凶暴さを余すところなく発揮するはずである。［その場合、］感情、考え、意図といったものが処罰の対象になるだろう。したがって、それらに対する我々の憤りが、行為に対するものと同じ激しさで高まり、行為には至らなかった悪しき考えに対する世間の目が、悪しき行為と同様の報復を求めるものと見なすならば、あらゆる法廷がまさしく異端審問となるだろう。(『道徳感情論』II. iii. 3. 2)

もしも、〈適切性の評価〉や〈功罪の評価〉の原則に本当に忠実に、行為する前の感情や動機、意図といったもののみが常に道徳的評価の対象となるとすればどうなるだろう。つまり、現実にどのような行為に至り、いかなる結果がもたらされるかが、全く考慮されないとすればどうなるだろう。スミスによれば、その際には、他者の内面に対する我々の詮索や介入、制裁といった動きが、往々にして暴走することになる。そして、個々人の私的な評価の場も、それから、公的な法廷の場も、人々がどんな考えをもってどんなことを欲したかといったことを裁き、その悪しき動機や意図に対して過大な刑罰を与えうる場と化す。それはまさしく、正統な教えに反する信仰をもっているという理由で人々を処罰し、ときに死刑も宣告した、中世カトリック教会の異端審問のような場と変わらない。

それゆえ、人々が〈感情の不規則性〉をもち、行為者の内面以外も道徳的評価の対象に含めていることは、道徳的評価の一切が異端審問と化すことを防ぐ効用をもっている。先に見たように(本書251頁)、現実の我々は、結果として誰も傷つけなかった人に対して傷害罪や殺人罪と同等の処罰が科せられることに対して、これほど公正さを揺るがすものはないという感覚をもつ。それがいかに公正の原則から逸脱した不規則な感覚であろうとも、我々の生活や社会にとって重要な自然な感覚なのだと、スミスは主張するのである。

6　まとめ

†公正の原則から外れることの肯定的側面

ここまで、現実への眼差しと理想とが交錯する、スミスの『道徳感情論』の複雑な立論を追ってきた。本章の終わりに、その中身を簡単に整理しておこう。

行為や行為者に対する道徳的評価は、本来、〈偏りなき観察者〉の視点から、行為者の内面（動機、意図、計画等）のみを考慮して下されなければならない。抽象的な一般論の次元では、この公正の原則に異を唱える人は誰もいないはずだとスミスは言う。

他方、現実に目を向けると、我々は評価の際に、現実になされた行為やその結果をどうしても考慮してしまう特性がある。つまり、道徳的評価が運の影響を受けてしまう傾向が確かにある。たとえば、人を傷つけようという意図をもってなされた行為が、結果として誰かを傷つけた場合と、誰も傷つけずに終わった場合とでは、我々の評価はやはり変わってくる。逆に、結果として誰も傷つけなかった行為に対して傷害罪と同等の処罰が科せられるとしたら、著しく公正さに欠ける処置だと我々は捉えるのである。

ただし、スミスは人間のこの特性を、必ずしも人間の欠点を示すものとは考えず、むしろそこに肯定的な側面も見出している。まず、この特性があるがゆえに人は、「結果は運次第なのだから自分のせいではない」という風に結果を平然とやり過ごすことなく、知らずと他者に危害を与えうる可能性や、他者に生じうる憤りの感情などに心を砕くことができる。スミスによれば、人間の存在理由とは、他者の喜びや悲しみに対する感受性をもち、皆の幸福を尊重し、その実現に向けて具体的に行動することであって、結果を無視できない人間の特性は、かえってこの目的に資するものなのである。

また、スミスは同時に、人間が行為やその結果も道徳的評価の対象に含めていることには、他者の内面に対する我々の感情の暴走を防ぎ、互いの内面や思想の安全を確保する効用がある、という点を指摘している。逆に言えば、「行為には至らなかった悪しき考えに対する世間の目が、悪しき行為と同様の報復を求めるものと見なすならば、あらゆる法廷がまさしく異端審問となる」（本書257頁）ということである。

†人間ならではの「ゴール」への近づき方

とはいえ、注意すべきなのは、スミスがこうした人間の特性を〈感情の不規則性〉と名づけ、関連する罪の感覚を〈誤った感覚〉と呼んでいることである。つまり、公正の原則に則った感情や感覚こそが究極的には正しいものであるという見解自体を、スミスが取り下げているわけではないのである。

一方には、道徳的評価は本来ならば運の影響を退け、行為者の内面のみを対象に下されるべきものだ、という理想がある。しかし他方には、人間が実際にそうした公正の原則に従おうとすると、他者の幸福への無関心や異端審問化に結びついてしまうという現実がある。スミスの議論の特徴は、この点を深く認識している点にある。神や、あるいは神に比されるべき賢者であれば、人類皆の幸福を目指し、そして、その意図の通りに目的を遂げることができるだろう。しかし、現実の人間にはそれは不可能だ。そうである以上、〈感情の不規則性〉や〈誤った感覚〉といった人間らしい特性に流されることで、かえって神や賢者が目指すゴールに近づけるという側面もある。スミスの代名詞とも呼べる〈見えざる手〉の議論（本書242－244頁）は、この洞察が端的に示されたものだと言えるだろう。賢者たりえない人間は、富や高い身分を真の美しさや高貴さだと勘違いし、より多くの富やより高い地位を目指して努力を重ねる。しかし、その「愚かな」営為は、あたかも〈見えざる手〉に導かれるように、しばしば結果として皆の幸福に寄与することになるというのである。

†忘れてはならない理想

こうして見ると、彼の掲げる公正の原則という理想や、あるいは、「我々が自然に最も愛し、尊敬する人」（本書240頁）という理想像――自分の利己的な感情を抑え、他者の感情に寄り添う人間愛《ヒューマニティ》をもつ人という像――には、「中産市民層の傲慢化を抑制する」（田中『アダム・スミスの倫理学』四三八頁）という役割が設定されていると言えるかもしれない。商売に励み、成功した市民は、ともすれば、多くの富を得ることと幸福とを同一視する価値観に自信を深めるだろう。そして、弱肉強食の論理や、成功のためには手段を選ばずに他者を貶める狡猾さを是認し、称賛する傾向を強めるだろう。しかし、その姿は、我々が愛し尊敬する有徳な人のありようとは程遠い。

〈感情の不規則性〉や〈誤った感覚〉に流され、〈見えざる手〉に導かれて、図らずもたまたま皆の幸福に寄与できたとしても、その結果に至る手段や経緯を自分で正当化してはならない。運によってもたらされたものは、何であれ真の意味で称賛されるべきものではない。公正の原則に従えば、そうなるだろう。人々はこの点を省みて、いまの自分に驕《おご》らず、理想を忘れ去らないことを、スミスは願っていたと言えるかもしれない。

第8章　運に抗して——現代の手前まで

1　理性に基づく自足——カントへ

前章でアダム・スミスの思索を跡づけたことにより、運と道徳をめぐっていま現代において展開されている議論に踏み入るための材料が、ほぼすべて出揃ったことになる。第Ⅱ部の最終章となるこの第8章では、ここまで確認できたポイントを、スミス以降のカントやヘーゲルの議論にも触れながら確認することにしよう。

†運からの防波堤を求めて

自分たちには予期もコントロールもできない運の荒波に翻弄される人生にあって、古来多くの哲学者が、何らかの防波堤を自己の内面に築くことを勧めてきた。

たとえばデモクリトスは、いかなる物事にも動じない快活さや平静さに人の幸福というものを見出している。また、後期ストア派のエピクテトスは、肉体や財産等を「我々の力の及ばないもの」と見なす一方で、判断や意欲等などは「我々の力の及ぶもの」＝「自然本性的に自由であり、妨げられず、邪魔されないもの」として位置づけている（179頁）。ここには、外的な出来事をコントロールしきることは人間には不可能だが、内面に関しては可能であるという考えを見て取ることができる。さらに、このエピクテトスの見解は、最善をなそうと努める以外のことは我々の力の範囲を超えているという、デカルトの主張（213頁）へと深く結びついていく。

†カントの場合①——公正の原則の徹底

道徳的に真に重要なのは意図や意志や判断などであり、外的な結果ではない——この種の思想は論者によって様々なかたちをとるものであるが、スミスはその大枠の形式を、公正の原則として取り出している（229頁）。すなわち、行為や行為者に対する道徳的評価は、偏りのない視点から、行為者の内面（動機、意図、計画等）のみを考慮して下されなければならない、という原則である。

たとえば、西洋近代最大の哲学者イマヌエル・カント（一七二四－一八〇四）は、スミスと全く同時代の人であるが、この公正の原則をどこまでも貫徹させ、道徳をめぐる問題圏から運の要素をどこまでも排除しようと試みた論者として位置づけることができる。

カントによれば、才能や気質といった「生まれつきの自然の恵み」（『人倫の形而上学の基礎づけ』A393）、あるいは、権力や財産、名誉、健康、平穏無事な境遇といった「幸運の恵み」（同）は、それ自体としては必ずしも善いものではない。それ自体として善いと見なされうるのは、無条件的で普遍的な義務を自らに立ててそれを果たそうとする、善い意志だけだというのである。

もちろん、善い意志の下に行為しようとしても、運が悪かったり、あるいは、そもそも知力や体力等の天賦の才に恵まれていなかったりして、善い結果を出すことができない場合もあるだろう。しかし、それでも、善い意志は「宝石のようにただそれだけで光り輝く」（同 A394）と彼は言う。つまり彼は、外的な要因に左右される結果と内的な意志とを峻別し、後者の意志に比較を絶した価値を与えている。「それが有益な結果をもたらそうともたらすまいと、その価値は増えも減りもしない」（同）と言い切るのである。[71]

［71］ ただし、カントの意志概念は、彼の哲学体系全体のなかに位置づけられる独特なものであり、かつ、時期によって意味合いに変遷も見られるので、注意が必要である。彼の言う「意志（Wille）」は、H・E・アリソンによれば、「意欲または意志の能力のことを指す広い意味と、その能力のある、機能のことを指す狭い意味

そしてカントは、「理性的で偏りなき観察者（vernünftiger unparteiischer Zuschauer）」（同A393）という、スミスの議論を思わせる存在[72]を想定している。そのうえで、理性的で偏りなき観察者の公平な眼差しからすれば、善い意志と無縁な者が幸福に暮らしていると いう事態はまさに不公平であり、許しがたく思えるのはもちろんのこと、その者がただ平穏無事に暮らせているだけですら愉快ではないだろう、とも述べている。逆に言えば、「善い意志は、幸福であるに値することの不可欠な条件をなしているとさえ思われる」（同）ということである。

†カントの場合②――先行条件から独立の自由

ただし、生まれつきの素質や育つ環境、あるいはそのつどの運によって、人がしばしば悪しき方向に流れたり、悪しき行為を選択したりするという事実を、カントが認めていないわけではない（『純粋理性批判』A554/B582、『実践理性批判』178-179）。朱に交われば赤くなるということをスミスが指摘したように、カントも、「いつも全くの悪党ばかりに取り囲まれていたとすれば、どんな人間も徳の概念をもつことはないだろう」（『形而上学L1』A233）と述べるのである。

実際、幼い頃から悪さを重ねてきた者が、長じて遂に凶悪な犯罪に及んだ場合、我々はあたかも自然現象の原因を探るように、育った環境の影響などを認め、その内実を細かく調べることがあるだろう。「しかし、にもかかわらず我々は、行為者を非難するのであり、しかもこれは彼の不幸な素質のゆえにでも、彼に影響を与えた環境のゆえにでもなく、それどころか彼が以前に行った行状のゆえにですらない」（『純粋理性批判』A555/B583）、そうカントは主張している。

　では、なぜ我々は行為者を非難するのだろうか。カントによればそれは、行為者の意志の自由を前提にしているがゆえである（同、『実践理性批判』179）。ただし、その「自由」とは、食欲や性欲などの生理的な欲求に従って好き勝手に振る舞うことではない。それで

がある」（アリソン『カントの自由論』二四五頁）。そして、後者の狭い意味での「意志（Wille）」は、自然な傾向性などに依存しない自律的・自己立法的な機能を指し、悪しき行為なども選びうる単なる「選択意志（Willkür）」とは区別される。その詳細については、アリソン『カントの自由論』の特に第七章を参照してほしい。

[72]　実際、カントはスミスの『道徳感情論』（一七七〇年のドイツ語版）を読んで、その影響を受けたと言われている。この点を含め、カントに対するスミスの影響を詳しく跡づけた論考として、高田『カント実践哲学とイギリス道徳哲学』第Ⅳ部がある。

は、自然の因果性に隷属し、動かされているに過ぎない。そうではなく、先行するいかなる条件（素質、育った環境、そのつどの状況）からも独立に、自らの理性によって何ごとかを一から開始する能力のことにほかならない[73]。我々は、この意味での強力な自由意志を行為者に認めるがゆえに、彼を取り巻く状況がいかなるものだったとしても、彼を非難し、彼は責任を免れないと見なす、というわけである。

†偏りのない視点、誰からも等距離な視点――神の視点

この種の自由意志の存在をどこまで擁護できるか――決定論とどちらが正しいのか、あるいは、決定論と両立できるのか――という問題は、やはり本書では置いておこう。ここで確認しておくべきなのは、有徳な人の善き生が運の影響から守られる可能性というものが、古来の多くの哲学者と同様、カントにとっても、大枠としては〈理性に基づく自足〉という理想に求められている、ということである。

置かれた環境や身近な者に引きずられず、自己の内なる理《ことわり》である理性を頼りに、自らの意志で、運に左右されない自足した生を送ること。その理想は、ディオゲネスやストア派の「世界市民」という自己像や平等の思想などにもつながっているが（本書180－181頁）、そこで立ち現れているのは文字通り、偏りのない視点である。とりわけ、どの特定の共同体

〈国家、組織、身内等〉にも依拠せず、普遍的な理《ことわり》ないし自然に従って、誰からも等距離な視点から世界を捉えようとするストア派の姿勢は、言い換えれば、神の視点に立とうとすることだとも言えるだろう。

2 いくつかの異見――ヘーゲルへ

†アリストテレスとスミス

以上のような、個々人の理性の働きを首尾一貫して重視する立場に対して、一筋縄ではいかないのが、たとえばアリストテレスである。彼は、一方では理性に基づいた自足に理想を見て、神にできる限り近づくことを人間の使命として説きつつ（155頁）、他方では、〈徳を備えた善き人はどれほど悲惨な状況に置かれたとしても幸福である〉という主張を無意味だと退けている（135頁）。そして、〈先行するいかなる条件とも独立の自由〉という

［73］　この種の自由は、カントの用語では「超越論的自由」と呼ばれるものであり、現代風に言えば「非両立論的自由」――決定論世界観とはどこまでも相容れない自由――にあたるものである。

ものを自身の倫理学の基本に据えるカントとは正反対に、善き生の実現のためには生まれつきの素質や習慣づけ、環境等が決定的な役割を果たすと強調する（142頁）。

また、スミスも、抽象的な原理としての公正の原則の真理性を認める一方で、理性に基づく自足とは異なる道筋を示している。彼は、人間が現実には〈誰からも等距離な視点〉には立てず、他人の死に比べて肉親の死をより深く悲しみがちであるといったことを、必ずしも否定的に捉えるわけではない。そして、「世界を支配する運」（249頁）の影響を単純に害悪とは見なさず、むしろ、運に翻弄される人間の感情の不規則性ないし不完全性というものの重要性を説くのである（第7章4節以下）。

†ヘーゲルの場合①――「人は結果に対して責任を免れるわけではない」

さらに、スミス以降の時代にも少し目を向けてみよう。カントが個々人の内面の動機の純粋さに道徳的な善さの核心を見る一方で、近代ドイツの哲学を代表するもう一方の人物、G・W・F・ヘーゲル（一七七〇―一八三一）は、このカント的な議論の方向性に対して根本的な疑問を突きつけている。

結果がどう転ぶかということは軽視ないし無視されるべきであり、人間の意志の自由こそが至高の価値をもつ――この種の伝統的な考えに対してヘーゲルは、理屈としては筋が通っており、高貴な原則とも言えると認めている（ヘーゲル『法哲学講義』二二七頁）。しかし、人がそれぞれの日常を生きるうえでは運に左右されることはどうしても避けがたいということを、彼は同時に強調している（同二二八頁）。

たとえば、人は昔から、誰かが運に巻き込まれていわれなく苦しんでいるさまを想像すると、善き人は幸福に、悪しき人は不幸になるのが当然と思いたくなる。現代風に言えば「公正世界仮説」（本書11頁）にあたる、世界に対するこの種の願望について、ヘーゲルは、「まったく一般的・抽象的な思いで、さらにいえば、神の摂理とも関係するもの」（『法哲学講義』二二七頁）と述べている。このコメントの裏にあるのは、因果応報の貫徹を神に願う一般的・抽象的な思いを離れ、現実を見渡すならば、善き人が不運に苛まれる事態があふれている現実を認めざるをえない、という認識だろう。

実際、ヘーゲルは、カントらの「意図（意志）の倫理学」に反して、結果に関して人は責任をもちうると主張している。たとえ善き意志によって義務に適った行為をしたとしても、それが悪しき出来事をもたらしたとすれば、「それは嘆かわしいことだが、その人に責任がないとはいえない」（同二二九頁）というのである。

かれの遭遇した結果や事態が、外からやってきたもので、……偶然の結果でもあれば必然の結果でもあるといった場合でも、かれは結果に責任があり、その苦しみをいわれのない苦しみということはできません。（同）

むしろ、ヘーゲルはあのオイディプスの例を挙げつつ、こう指摘している。たとえそれと知らずに行ったのであっても、結果に対する責任の一切を引き受ける者は、一層の尊敬を獲得することになる。「それが、英雄というもののもつ性格」（同二三〇頁）なのだと。

†ヘーゲルの場合②――「良心は善と悪の両方の根である」

このようにヘーゲルは、「意図（意志）の倫理学」の枠組みに終始することに批判的であり、それゆえ、良心というものの重要性に対しても懐疑的な議論を展開している。

前章で見た通り、スミスによれば良心とは、自己の行為の善し悪しを判断する〈偏りなき観察者〉のことを指す（本書231頁）。しかし、どれだけ慎重に、冷静に、客観的な判断を目指そうとも、その〈偏りなき観察者〉があくまでも自己の胸中に存在するものであることに変わりはない。ヘーゲルは、「良心（Gewissen）は主観そのものであり、善とはなにかを決定する主観」（『法哲学講義』二六六頁）だと断言し、また、「自分の良心によりどころを求める人は、自分が正義と善を意志しているのだと確言するが、それはたんなる確信にすぎない」（同二六八頁）とも述べている。

ヘーゲルによれば、これまで社会で通用してきた規定をすべて空虚と見なし、意志の純粋な内面性に頼ることは、普遍的な善に到達できる可能性もあるが、逆に、自分自身の特殊性を原理にして、悪へと転落する可能性をも孕んでいる（同二七〇頁）。それゆえ、良心とは実は、善と悪の両方の根であるというのである。

> 良心は形式的主観性としては、いつでも悪へと転換しようと待ちかまえている。自立して存在し、自覚的で自己決定的な自己確信こそが、道徳と悪のどちらにも共通する根である。（同二七一頁）

この一節を引きつつ佐藤康邦が強調するように、「私たちが良心にかけて善であると確信したものであっても、それが客観的世界における善と一致するか否かは保証の沙汰ではない」（佐藤『教養のヘーゲル『法の哲学』』五二頁）。その善の確信は、容易に独善へと、そして悪へと陥りうるということである。

それゆえヘーゲルは、倫理学の問題圏を、個人の内面という次元の限界を見据えつつ捉えていくよう提起する[74]（『法哲学講義』二九二頁以下）。ヘーゲルにとってそれは、個人のそのつどの主観的な決断という契機だけではなく、共同体の伝統や、人間同士の具体的な関係という観点、そして、運が影響する客観的な結果という観点も織り込みつつ、人間の現実の生のあり方を問うことにほかならない。

3　此岸から彼岸へ

†公正世界仮説を裏打ちする神

道徳的な生は運の影響で損なわれることはない――そのことを保証しようとする代表的な筋道には、ここまで振り返ってきたような、何らかの仕方で内面の自由を確保しようとする方向性がある。（そして、ヘーゲルらがこの筋道に対して批判的な議論を展開していることも確認した。）

しかし、人々が運に抗してとってきた筋道はそれだけではない。たとえば、彼岸における因果応報というものを説く方向性もある。現世（此岸《しがん》）では善き人が最期まで酷い目に遭い続けるようなことが間々見られるとしても、少なくともあの世では――あるいは、来世では――、善き人にはよい報いが、悪しき人には悪い報いがある。人々はしばしばそう説いてきた。プラトンが『ゴルギアス』と『国家』の終盤でそれぞれ描いた神話もその一種である（本書第3章後半）。

重要なのは、プラトンの神話において公正な世界という秩序ないし調和をもたらしているのは、死後の世界で裁判官の役割を担う神だ、ということである。〈善き人は幸福に、悪しき人は不幸になるべし〉という要請は神の摂理と関係する、そうヘーゲルがコメントしていることも、いま確認したばかりである。[75]

---

[74] なお、ヘーゲルは『法哲学講義』――あるいは、その講義用の手引きの増補版である『法の哲学』――において、行為者の責任を当人の動機と意志の問題として捉える次元を「Moralität（道徳）」という言葉の下で扱い、他方、個人の内面を越え出た次元を「Sittlichkeit（倫理、人倫）」という言葉で表している。

[75] もちろん、ヘーゲルの言う「神」と、プラトンの言う「神」、さらに、アリストテレスやストア派、スミス、カントらがそれぞれに言う「神」には、この概念が位置づく宗教体系に関しても、また、その知や力等をめぐる特徴づけに関しても、様々な違いが存在する。個々の神概念の内実については、それ自体として詳細な検討が必要である。

†再び、カント——最高善の条件として要請される神と彼岸

そして、この種の神の摂理は、人間の理性の自律を説くはずのカントの倫理学においても実は大きな役割を果たしている。

カントは個人の内面の動機の純粋さを何よりも重視し、善い意志をもつこと——無条件的で普遍的な義務を自らに立ててそれを果たそうと意志すること——それ自体に至高の価値を置く。しかし、その彼はまた、人間の理性は道徳的な完全性への関心だけではなく、幸福への希望も併せ持つと認めている。それこそ「正直者が馬鹿を見る」という事態は、我々の理想からはかけ離れているということである。したがって、最高善とはカントによれば、道徳性と幸福が厳密な比例関係にあること、すなわち、徳と幸福が必然的に結合していることを指す[76](『純粋理性批判』A810–811/B838–839)。

しかし人間には、善き行為をなす善き人に対して確実に幸福をもたらすだけの力能はない。逆に、テオグニスが嘆く通り、清廉潔白の士が不正を被り、ひどい貧窮に苦しむということも少なくない。それゆえ、人間の理性は以下のことを見て取ることになるとカントは言う。すなわち、幸福が道徳性に厳密に適合して分配されるというのは、ひとりの賢明な創造者にして統治者——つまり、神——の下でのみ可能だ、ということである。最高善

の理想が実現するためには、「そのような創造者にして統治者を、我々が来世と見なさなければならない世界における生とともに想定せざるをえないと、理性は知るのである」（同 A811/B839）。

とはいえ、因果応報の神話を作り話ではなく真実だと強調するプラトンとは異なり、カントにとって、神や来世の存在、あるいは魂の不死性といったものは、真実だと合理的に証明することができないもの（と同時に、虚偽だと証明することもできないもの）である。それらは、存在する・しないにかかわらず、徳と幸福の一致が実現するための条件として人間の理性が要請するものだ、というのがカントの結論なのである。

†目的と手段のあわい——徳、幸福、そして運

超越的な創造者や統治者としての神の存在が、客観的な真実として語られるにせよ、あるいは道徳的な要請として語られるにせよ、それは人々に対して幸福への希望を抱かせるものであるが、同時に、彼岸で幸福になるのは善き人に限られる、という条件を課すもの

［76］ カントの言う「最高善」が、たとえばストア派の言う「最高善」とは異なる点に注意してほしい。後者は、自然と一致して生きるという賢者の境地を指し、それ自体が幸福を意味するものである（本書186頁参照）。

だと言える。カントによれば、「我々の理性は（傾向性としては幸福をどれほど望むとしても）、幸福であるに値すること――すなわち、倫理的に善い振る舞い――と幸福とが合一されていない限りは、幸福を是認しない」（『純粋理性批判』A813/B841）。他の目的の手段としてではなく、ひたむきに善い意志それ自体を追求するという条件の下ではじめて、幸福への可能性が開かれるということである。

ただ、たとえそう強調したとしても、道徳的な生の先にのみ幸福の可能性があるということになれば、どうしても、道徳的な生を送ろうとする動機に不純さが混入することは避けられないという見方が出てくるだろう[77]。つまり、善行をなそうとするのは結局のところ幸福になるためである、という不純さである。

では、善い意志の純粋性というものを確保するために、道徳的な生を送ることと幸福を手にすることは全く無関係であるとすべきだろうか。あるいは、傍《はた》から見てどれほどの不正や暴力などにさらされていようとも、道徳的な生を送っているのであれば、それだけで幸福と言える、とすべきだろうか。しかし、それはそれで、世界の公正さに対する人々の認識ないし要求と相容れなくなる。この点は、これまで繰り返し確認してきた通りだ。

こうした錯綜した問題が次々に生じてくる原因は、やはり運の存在である。運は徳を挫《くじ》く。この世界は運に翻弄されるがゆえに、人はそこから離れて内面の世界に安住の地を求めることもあれば、この世界とは別の世界（彼岸）に確実な幸福を求めることもある。しかし、どこまでも道徳の敵として立ち現れるかに見える運とは、本当に忌むべき厄介者に過ぎないのだろうか。

次の第Ⅲ部では、現代に舞台を移しつつ、このことを問おう。

［77］　もっとも、カント自身の議論では、最高善の達成は意志と道徳法則の完全な合致に向けた果てしない進歩の先にあるとされ、〈善人は現世では不幸であっても、来世では幸福になれる〉といった単純な因果応報を主張しているわけではない。しかし、最高善のそもそもの達成可能性に疑問を生じさせるカントの議論に対して、たとえばアリソンは、実現されえない目的を追求せよという要求に正当性はあるのかという疑問を提示している（アリソン『カントの自由論』三二七－三三〇頁）。

第Ⅲ部

道徳と実存

——現代の問題圏

第9章　道徳的運

1　現代の論争の起点

†近現代の倫理学における、運の問題の排除

現代の論者、たとえばM・C・ヌスバウムは、特にカントの影響を強く受けた倫理学の議論の方向性に対して、はっきりと批判的な眼差しを向けている。彼女によれば、アリストテレスをはじめとする古代ギリシアの思想家たちは、価値ある生活を営むために人間はどの程度の運と共存すべきなのかを問うた。しかし、近現代においてこの問いは不当に無視されてきたのだという（Nussbaum, *The Fragility of Goodness*, p. 3-5）。彼女はこうも述べている。

……カントによれば、幸福は運によって増大したり縮小したりすることがありうるが、倫理的賞賛や非難に本当に値するもの、つまり真の道徳的価値には、そのようなことはありえない。このカント的な見方は、以後の倫理理論の流れに大きな影響を与え、この見方を取るかどうかが真に倫理的に考えているかどうかの試金石であるように多くの人に思われるにいたっている。（ヌスバウム「幸福な生の傷つきやすさ」一九八頁）

もちろん、価値ある人生と運の共存という問題をめぐって古代ギリシアの倫理学史上でどれほど実質的な議論がなされてきたかは、慎重に評価する必要があるだろう。というのも、この点でヌスバウムが高く評価するアリストテレスですら、徳に基づいて活動する幸福な人は決して悲惨な境遇には陥ることはありえない、とも主張しているからである（本書137－138頁参照）。また、逆にアダム・スミスやヘーゲルのように、運の問題について積極的に議論している近代の論者を探すこともできる（第7－8章参照）。

ただし、「人生を支配するのは運であり、知恵ではない」と言い切るテオプラストスのような論者が古代にいたことに比べれば、倫理や道徳をめぐる近現代の議論の主流が運の問題をなおざりにしてきた――あるいは、積極的に排除してきた――という面は否めない。「道徳的評価は運に左右されてはならない」という主張が自明視され、敢えて言挙げされることもない、そうした傾向はやはり基調としてあったと言えるだろう。

†ジョエル・ファインバーグ

その潮目に明確な変化が生じ、道徳と運の関係について改めて注意が向けられるようになったのは、おおよそ一九六〇年代以降の英米圏の哲学・思想分野においてである。幾人かの論者が、運の問題を議論の領域から排除する傾向に対して活発な異議申し立てを行い始めたのである。

まず、法哲学者・政治哲学者のジョエル・ファインバーグが、道徳は運の要素と無関係ではありえないという論陣を張った（ファインバーグ「法と道徳における問題含みの責任」）。

ファインバーグによれば、従来の哲学者の多くは「責任」という概念を道徳的責任と法的責任とに大別したうえで、前者の道徳的責任の帰属を個々人の心の世界に限定しようとしてきた。そのことによって、道徳の至高性——道徳的な善さは無条件に、それ自体として他の何よりも求められること——や、道徳の非偶然性——道徳的な善さは運の影響を受けないこと——といった観念を擁護することを試みてきたのである。

この思潮の背景にあるのは、頭のなかの思考や意志であれば行為者がコントロールできるという、伝統的な発想である。そうした内面の世界にのみ道徳は関係するから、道徳は運に対して免疫をもつ、というわけである。しかし、ファインバーグはこの発想を端的にこう批判している。思考や意志の形成にすら無数の外的要因が影響を与え、しばしば行為者のコントロールを超えていることは明らかである。したがって、道徳は運の問題と無縁ではありえない、と（同四八二頁以下）。

†バーナード・ウィリアムズとトマス・ネーゲル

そして、運の問題が倫理学上の重要な議論領域として復活する決定的な契機になったのが、バーナード・ウィリアムズとトマス・ネーゲルという、現代の英米圏を代表する倫理学者たちの動きである。

一九七六年、彼らはこの問題をめぐって公開討論を行い、それを基にして、一九八〇年前後に"Moral Luck（道徳的運）"という同一タイトルの論文を相次いで発表した。（なお、ネーゲルの方の論文には日本語訳があり、「道徳における運の問題」という邦題が付けられている。）道徳的運（moral luck）とは、ウィリアムズが創出した用語であるが、彼らの論文が世に出て以降、運と道徳の関係をめぐる問題は、この「道徳的運」という用語の下で幅広く議論されるようになった。

当事者が自分の自由な意志による選択と信じていることでも、それは自分ではどうしようもない外的な諸要因によって部分的に、あるいは全面的に、影響を受けている。本書でここまで跡づけてきたように、この見方自体は遥か昔から存在してきたものだ。しかし、個々人の自由意志や自己決定、自律性といった観念と、責任の所在とを強力に結びつける思想――それはとりわけ近代以降のヨーロッパで強く広く蔓延したと言える――のなかでは顧みられてこなかった。その無視と忘却は、二十世紀後半になって、たとえば社会心理学や認知科学等の分野でも問題にされるようになったが[78]、倫理学の分野においても、主としてウィリアムズとネーゲルにより、「運」という概念それ自体をめぐってあらためて焦点が当てられるようになったのである。

2　道徳的運とは何か――ネーゲルの議論に即して

†道徳的運の定義、コントロール原則

では、道徳的運とは具体的にはどのようなものを指し、彼らはそれについてどう論じているのだろうか。ウィリアムズの議論の中身については、後の第10章（303頁以下）で主題的に取り上げることにする。（そして、なぜ彼の方を後回しにするかについても、そこで説明

する。）以下ではまず、基本的にネーゲルの議論に沿いながら、論点を確認していくことにしよう。

ネーゲルは、道徳的運とは何かについて次のように定義している。

ある人の行為の重要な側面が、彼のコントロールを超えた諸要因に依存しているにもかかわらず、それに関して我々がなおも当人を道徳的評価の対象として扱い続ける場合、それは道徳的運と呼ばれる。（ネーゲル「道徳における運の問題」四三頁／p. 26）

このネーゲルの定義の背景にあるのは、次のような原則だと言える。

〈ある主体が道徳的な義務や責任を負うべきなのは、その主体のコントロール下にあった行為ないし意志に関してのみである〉

[78] スタンレー・ミルグラムによるいわゆる「アイヒマン実験」（一九六三年）や、フィリップ・ジンバルドによるいわゆる「監獄実験」（一九七一年）、それから、ベンジャミン・リベットが一九八〇年代に行った一連の脳神経生理学上の実験は、この点に関して言及される代表的な研究成果の一部である。これらの概要や意義については、さしあたり、古田『それは私がしたことなのか』の四〇頁以降を参考にしてほしい。

これを、さらに標語のかたちで言い直すならば、

〈すべきはできるを含意する〉

というものになるだろう。たとえば、海水浴場で子どもが溺れていたが、全く泳げないので助けに行かなかった男性がいたとしよう。右の原則ないし標語に照らせば、彼に対して「あなたには溺れている人を助けるべきだった」と非難することはできない。なぜなら、その海水浴場の状況は、彼がコントロールできるもの（彼の力が及ぶもの）ではなかったからである。

先に第7章で見た公正の原則（229頁）と通底するこの原則を、ここでは「コントロール原則」と呼んでおくことにしよう。

†一種の矛盾としての〈道徳的運〉

このコントロール原則は、道徳的評価に際して我々が広く受け入れている考えだと言える。しかし、他方では、主体の行為や意志がどのような結果をもたらすのかも、また、（ファインバーグが言うように）意志がそもそもどのように形成されるのかも、多かれ少なかれ運の影響を免れるものではないという事実がある。

以上の原則と事実とを突き合わせれば、本来なら、主体はいかなる行為や意志に関して

も道徳的責任を負わない、という逆説的な結論が導き出されてしまうはずである。ネーゲル自身の叙述を見ておこう。

人が道徳的に責任を負えるのは、自分がしたことに対してのみである。しかし、その人がしたことは、自分がしたことではない多くのことの結果なのである。それゆえ、その人は、自分に責任のあることについても、自分に責任のないことについても、道徳的に責任がないことになる。（ネーゲル「道徳における運の問題」五五頁／p. 34）

しかし、我々は実際にはそうした「無責任」を認めず、様々なケースでまさに道徳的責任の帰属を行っている。この矛盾とも言える状況、ないし、この種の状況において働いている運が、ネーゲルによれば「道徳的運」と呼ぶべきものなのである。

†〈境遇の運〉と〈結果の運〉――道徳的運の区分

とはいえ、ひとくちに道徳的運といっても、その意味は文脈によって様々でありうる。たとえばネーゲルは道徳的運の種類を四種類に大別しているが[79]（同四六頁）、本書ではもう少し簡略化された区分を採用しておくことにしよう。それは、M・J・ツィマーマンによる次のような区分である（Zimmerman, "Luck and Moral Responsibility", p. 219, 231 n. 7）。

（1）境遇の運（situational luck）。ある主体がどのような素質をもって生まれるか、どのような環境に育つか、そのつどどのような状況に置かれているかといったことが、その主体をめぐる道徳的評価に影響を与えてしまう、という運。

（2）結果の運（resultant luck）。行為の結果がどう出るかによって、その行為を引き起こした主体をめぐる道徳的評価が左右されてしまう、という運。

つまり、ネーゲルやツィマーマンらの言う道徳的運は、この〈境遇の運〉と〈結果の運〉を包括した総称として捉えることができる、ということである。

†〈境遇の運〉をめぐる難問――どこまでが運の産物なのか

本書の第Ⅱ部までのトピックに、この〈境遇の運〉と〈結果の運〉という区分を当てはめた場合、たとえば、悪意をもってやったことなのに結果として人に喜ばれてしまったという、テオグニスが取り上げていた状況（55頁）は、まさに〈結果の運〉にまつわるケースだと言える。また、アダム・スミスが扱っていた軽過失および最軽過失のケース（250－251頁）も、この種の運に典型的に当てはまるものだろう。

他方で、〈境遇の運〉に含まれるのは、善い意志を実行できるだけの素質を生まれつきもたなかったケース（142、265頁）や、十分な教育を受けられる環境になく、せっかくの素質が開花しなかったケース（142－143頁）、あるいは、悪党ばかりに囲まれて育ったために健全な道徳観をもてなかったケース（242、266頁）などだと言えるだろう。

ただし、このように整理していくと疑問も生まれてくるだろう。すなわち、逆に運の産物でないものとは何なのか、運の産物とそうでないものとはどこで分けられるのか、という疑問である。実際、行為やその意志の形成に影響を与える外的要因を挙げようとすれば、環境や状況、行為者の性格や気質、身体的特徴、性別、国籍、遺伝等々、まさに際限がないだろう。たとえば、ジョン・ロールズは、努力や挑戦をしようとする意志をもてるということすら、幸福な家庭と社会環境に生まれ落ちたという運の範疇として扱っている（ロールズ『正義論』一〇〇頁）。そして、そうした「運」によって達成された道徳的功績に報いることは真の正義——正確には、資源等の分配にまつわる正義——とは言えないと説く。これに対してマイケル・サンデルは、運の範疇をどこまでも拡大させて、個々人から道

[79]　①道徳的評価の対象となる主体がどういう人物であるかについての運（constitutive luck）、②その人物がどのような状況に出会うかについての運（luck in one's circumstances）、③行為の原因（cause）に関係する運、④行為の結果（result）に関係する運、の四種類。

徳的功績を引き剝がしていくなら、個々の自己は性格も道徳的深みも失ってしまうと批判している(サンデル『リベラリズムと正義の限界』二〇五－二〇六頁)。

両者のこうした対立は、人生の道行きや、そこで達成される道徳的功績、社会的成功といったものに運がどれほどの影響を与えているか、また、それに対して社会は制度的にどのように対処すべきか、という問題にかかわっている。[80] 本書ではこの問題の詳細に立ち入ることはできないが、少なくとも以下のことは言えるだろう。運――とりわけ、ツィマーマンが言うところの〈境遇の運〉――の産物として何をどこまで見積もればよいのか、また、運に対してどう向き合うかという問題は、自己をかたちづくる実質とは何かという問いにも、また、望まれる社会制度とは何かという問いにも、まさに深く結びついているということである。この点については、後でまた振り返ることにしよう(本書327頁)。

3 反「道徳的運」①――認識的運への還元

†道徳的運と認識論的懐疑論のアナロジー

ここまで、道徳的運とは何かに関しておおよその特徴づけや区分を確認し、また、運がもたらす不平等さをめぐる政治哲学的な議論領域にも立ち寄ってきた。
道徳的運という事態をどう受けとめればよいのかについて、ネーゲルとウィリアムズの討論以降の倫理学上の議論の多くは、道徳的運の構図を掘り崩し、道徳的責任の帰属が孕《はら》むかにみえる矛盾を解消しようとする努力に捧げられている。その代表例は、道徳的運というのは実は道徳をめぐる問題ではなく、認識をめぐる問題に過ぎない、というものである。

道徳的運の存在自体を否定する、そうした議論の源流は、実は元のネーゲル自身の論文のなかにある。彼は、道徳的運をめぐる問題と認識をめぐる問題との間には強いアナロジーが成立すると指摘しているのである（ネーゲル「道徳における運の問題」四五―四六頁）。一般に、ある個人が抱いている信念が客観的な知識でもあるためには、その信念が運よく真である、というだけでは足りない。たとえばある人が、「今日の学食のAランチはカツ丼だ」と信じており、実際にその通りだったとしよう。しかし、それが単なる当てずっ

[80] この問題をめぐっては、政治哲学上で「運の平等論（平等主義）」をめぐって活発な議論が展開されている。詳しくは、広瀬『平等主義の哲学』の特に第2章、井上「運の平等論をめぐる攻防」および『正義・平等・責任』などを参照してほしい。

ぽうの予想であり、たまたま的中しただけだったとしたら、「今日の学食のAランチはカツ丼だ」というその信念は知識とは言えない。学食の献立表を見たとか、先に学食に着いた友人から聞いたといった適切な根拠がなければ、真なる信念は知識たりえないのである。[81]

このことは、知識は運を排除する（知識と運は両立しない）というテーゼで端的に言い表すことができる。しかし、このテーゼを額面通りに受け取り、かつ、我々人間の認識活動が不断かつ広範に偶然的要素に取り囲まれていることを認めるならば、我々が真の意味で知識を獲得することはそもそも不可能にも思えてくる。これは一般に認識論的懐疑論とも呼ばれるが、この種の懐疑論への筋道は、道徳的運という矛盾めいた事態が立ち上がってくる筋道（本書288−289頁）と、確かに共通していると言えるだろう。すなわち、①道徳と運の非両立性という原則と、②運が不断かつ広範に存在するという事実から、③道徳的評価の不可能性が導かれる、という筋道である。

†「道徳的運は認識的運の問題に過ぎない」

このネーゲルの議論以降、現在に至るまで、認識にかかわる運を「認識的運（epistemic luck）」と呼んで主題的に論じる流れが確固として出来上がっている。[82]本書で着目したいのは、道徳的運とは実はこの認識的運の問題に過ぎない、という主張がしばしばなされていることである。

たとえばノーヴィン・リチャーズによれば、道徳的評価に運が影響を与えてしまうのは、評価の対象となる人物の内面やその人物を取り巻く状況について、評価者たる我々の認識能力が不完全であるからにほかならない（Richards, "Luck and Desert"）。逆に言えば、もしも我々が全知であったなら、コントロール原則を基に、誤った非難や称賛の感情をもたず、運の要素を排除したかたちで真正の道徳的評価を下すことができる、ということである。

また、ニコラス・レッシャーも同様の議論を展開している（Rescher, "Moral Luck"）。たとえば、窃盗しようとして実際に完遂した人と、「運よく」邪魔が入って未遂に終わった

[81] さらに、いわゆる「ゲティア問題」を踏まえるなら、その個人がその信念を真と見なす適切な根拠をもっているだけでも足りないかもしれない。
[82] そこでは主として、運とはそもそも何であるかという問題が俎上に乗せられており、道徳的運と認識的運それぞれの定義、さらには両者を包括しうる運一般の定義について、現代の様相論理学の成果なども取り入れながら、明確な解答を提示する道が模索されている（Latus, "Moral and Epistemic Luck"; Pritchard & Whittington, *The Philosophy of Luck*; etc.）。そのおおよその見取り図については、古田「現代の英米圏の倫理学における運の問題」の五－七頁を参照してほしい。

人とを比べると、通常我々は、前者の方により低い道徳的評価を下してしまう。しかし、レッシャーによれば、どのような道徳的評価に値するかという点では両者に違いはない。彼はこう述べている。

> 人の深層を見抜く眼力によって「すべてを見て、すべてを知る」ような人物による見通しの利いた地点から見れば、両者の道徳的地位は同等である。(ibid., p. 154)

彼らが実際にどうであるかということと、人々が彼らをどう見なすのかということは、必ずしも一致するとは限らない。「問題は道徳上の違いではなく、単に認識上の違いに過ぎない」(ibid., 155)、そうレッシャーは主張するのである。

†道徳的運は、現に存在する実践的な問題である

このようにリチャーズやレッシャーは、コントロール原則を堅持しつつ、道徳的評価を下す我々の認識能力の限界という論点を持ち出すことによって、道徳的運とは我々の認識および評価の誤りに基づくいわば疑似問題である、という主張を行っている。言い換えれば、彼らは道徳的運の問題を認識的運の問題に還元しようとしているのである。

こうした彼らの議論が、西洋の倫理学において昔から唱えられてきた主張の繰り返しであることは、本書の第Ⅱ部で辿った内容を踏まえれば明らかだろう。たとえばデモクリトスは、世の人々は自分たちには原因が分からないものを偶然と言っているに過ぎないと批判し、「人間たちは運《テユケー》の像を自分の考えのなさの言い訳としてこしらえあげた」と述べていた（本書92頁）。また、ストア派も、運を「人間の理性には明らかでない原因」と見なしていた（172頁）。

しかし、この種の伝統的な主張を焼き直して道徳的運の問題を切り捨てようとする向きに対しては、容易に次のような批判を向けることができるだろう。すなわち、実際には誰も立てない全知の視点から「道徳的運は存在しない」と主張されても、我々には関係のないことだ、と。

現実の問題として、我々の人生は運に大きく左右されている。究極的に決定論が正しいかどうかというのは関係ない。道徳的運とは、我々が生活を送るなかで否応なく現に直面している、まさに実践的な問題なのである。

そして、デモクリトスやストア派も、現実の生活に目を向けるときには、「すべてを見て、すべてを知る」ような、そうした文字通り全知の神の地点に立つことが人間には不可能であることを、当然認めている。だからこそ、彼らは一方では偶然や自由という要素を排除した決定論的な世界観を採りつつ、いかに生きるべきかという実践的なレベルでは、現実の計り知れなさを前提にした規範的な人生観・道徳観を説いてもいるのである（96、189頁）。

また、近代のアダム・スミスに関して言えば、彼は公正の原則やコントロール原則の類いの真理性を抽象的なレベルでは認めつつも、現実では道徳的評価が運の影響を受けるという事実を認め、さらに、この事実には肯定すべき側面もあると指摘している。以上の点も、すでに確認した通りである（247頁以下）。

4 反「道徳的運」②——日常の安定性に訴える議論

†「我々は日常では道徳的運を免れている」

道徳的運は実は認識的運の問題に過ぎない、という主張は、神の視点を基にした非現実的な抽象論にとどまる。この難点を、少なくともレッシャーは見越していると言えるかもしれない。というのも、彼は先ほどの議論の直後に、道徳的運に抗するための別種の議論も展開しているからである。そこで彼は、日常の安定性とも呼ぶべき観念に訴えることにより、不完全な認識能力しかもたない我々人間であっても、少なくとも日常生活においては道徳的運を免れている、と主張している。

> 道徳が運から切り離されるとすれば……それは道徳が、我々が日々の経験を得ることのありふれた空間において、物事が普通の運び方をする通常の状況を考慮するからである。(Rescher, "Moral Luck", p. 160)

もちろん、想像をたくましくして、諸々の徳（真実を言う、親切にする、等々）の行使が酷い結果を生むような状況を思い描くことはできる。しかし、レッシャーによれば「それらの徳としての身分は、実際の世界で物事が標準的な仕方でいつもと同じように進む、標準的な足どりに合わせてあつらえられたものである」(ibid., p. 161) という。また、たとえ道徳的評価が結果をある程度考慮したものだとしてみても、その場合の結果とは、「通常の、標準的な、予見しうる帰結である」(ibid., p. 162)、彼はそのように重ねて強調する。[83]

---

[83] 日常が安定したものであることを前提に、日常において人は道徳的運から免れていると主張する議論には、法学上のいわゆる「相当因果関係説」を援用するM・S・ムーアの議論 (Moore, *Placing Blame*, p. 214) も存

†不穏なものとしての日常――「賭け」としての人生の側面

しかし、はたして日常とは、そもそも安定したものなのだろうか。我々はここで、本書の冒頭で見た、漫画『こち亀』の両さんの台詞（9頁）を思い起こすことができるだろう。たとえば、受験や就職、結婚、出産等々の数多くの場面で、我々はまさに賭けをしていないだろうか。また、日々の仕事や恋愛、遊び、はたまた自動車や自転車の運転等々においても、運の要素が絶えず入り混じっていないだろうか。つまり、日常とはそもそも不穏なものではないのか。

神ならぬ我々は、先を見通しコントロールしきる力能をもたない。それゆえ、あらゆるファクターを把握して最適な選択肢を見出すなどということはできず、どこかで踏ん切りをつけて、多かれ少なかれ結果の不確かな行為へと移行しなければならない。その点で、我々の判断や行為の多くは「賭け」として特徴づけうるものとなる。

肝心な点は、そうした賭けが横行する日常において我々はしばしば、「皆がいつもするのと同じ標準的な仕方に従う」というあり方から外れる、ということである。むしろ、普通は皆こうするもの
だというのは、ときとして極めて不道徳な規準にもなりうる。前例の踏襲や同調への圧力といったものが、しばしばどのような害悪を生じさせてきたかとい

うのは、あらためて指摘するまでもないだろう。

逆に言えば、既存の道徳に支えられない、いわば模範なき個人の選択は、確かに危ういが、しかし自由であり、場合によっては今後の新たな道徳的価値すら拓きうるということである。実際、新たな道徳的規範の端緒として遡及的に言及される個人の特定の振る舞いが、その当時は法や常識に反するものとして扱われたという例は、枚挙にいとまがない。たとえば、後から振り返れば人種差別や性差別等と見なされる慣習や制度に対して、その当時に敢然と抗して、固定的な秩序を乱す振る舞いをすることなどである。[84]

在する。また、同様に法学的概念に訴えつつ、行為の結果が非難の有無や度合いに影響を与えることを正当化する議論には、修復的司法の考え方に結びつく「修復的価値（restorative value）」という概念を用いたヘニング・イェンセンの議論（Jensen, Henning, "Morality and Luck"）などもある。

それらの議論の概要については、さしあたり、古田「現代の英米圏の倫理学における運の問題」の註（3）および（4）を参照してほしい。

［84］一九五五年、アメリカの黒人女性ローザ・パークスが、アラバマ州モンゴメリーの公営バスのなかで、人種分離法に違反して白人に席を譲らずに逮捕されたという事件は、その代表例と言えるだろう。後の公民権運動の起点とも言われるこの事件と絡めて、本段落と同趣旨のポイントをより仔細に扱った論文として、池田「順応と逸脱、あるいは道徳性の自然な捉え方」がある。

しかしながら、賭けをして運に身を委ねることは、倫理学的にはすべて「悪」に分類されがちである。というのも、偏りのない視点からの理性的判断を範とする道徳的観点からすれば、それらは本質的に怠惰で無責任な態度ということになるからである。だとすれば、自分の人生のなかで不断に賭けを繰り返している我々はすでに、避けがたく不道徳な存在ということにならないだろうか。さらに、現実のこの世界を見渡してみれば明らかなように、聖人ならぬ我々は、嘘をついたり他人を犠牲にしたり、ともかく日々不道徳な振る舞いを積み重ねつつ生活を送っているのではないだろうか。

†バーナード・ウィリアムズの議論へ

バーナード・ウィリアムズは、そうした個々人の生活の実相を視野に入れたかたちで道徳と運をめぐる問題について探究している、異色とも言える倫理学者である。そしてそれが、ネーゲルを中心とする道徳的運の議論の流れに彼の思考がうまく乗らない理由でもある。先述の通り、「道徳的運」という用語は他ならぬ彼が創出したものであるにもかかわらず(本書285頁参照)、彼自身の議論はこの用語をめぐる議論領域のなかで孤立しているのである。

次の最終章では、その彼の特異な議論について見ていくことにしよう。

第10章　倫理的運

1　バーナード・ウィリアムズにおける道徳的運

†ゴーギャンの例

バーナード・ウィリアムズが論文"Moral Luck"のほとんどの紙幅を割いて取り組んでいるのは、〈境遇の運〉ではなく、〈結果の運〉にまつわる問題である。すなわち、行為のもたらす結果に運が介入し、行為の正当化に影響を与える、ということにまつわる問題である。

ただし、そこでウィリアムズは、ある意味では道徳的な正当化のみを問題にしているわけではない。この点を如実に示しているのが、彼が当該論文のなかで取り上げている画家ポール・ゴーギャンの例である（Williams, "Moral Luck", pp. 23-25）。

一八九一年、芸術家としての飛躍を期したゴーギャンは、妻子を捨てて南太平洋のタヒチに渡航し、現地に長く滞在した。彼は家族のことやその他の道徳的要請、さらに他人のアドバイスなどを顧慮し、深く苦悩したうえでなお、自分の可能性を開花させるためにはタヒチに向かうことが必要だと決断したのである。[85] この状況において、彼の選択を正当化するものは、自身の成功以外にない。つまり彼は、まだ判然とは見えてこない可能性に賭けたということである。

この例は、道徳的運を表すものなのだろうか。ネーゲルをはじめとする多くの論者が、違うと批判している（ネーゲル「道徳における運の問題」原註3、Rescher, "Moral Luck", p. 159; Athanassoulis, *Morality, Moral Luck and Responsibility*, p. 13; etc.）。というのも、ゴーギャンが結果としてタヒチでよい絵を描こうが描くまいが、家族を捨てるという行為は道徳的に正当化されようがないから、というわけである。

ただ、ウィリアムズはこの点を看過しているわけではなく、むしろ端《はな》から認めている。彼によれば、「ゴーギャンの行為が正当化される」とはこの場合、彼の芸術の発展にとってタヒチに行く選択は正しかったと回顧される、ということに尽きるのであり、いずれにせよ道徳的な非難を免れるものではないのである。

†狭義の道徳と、広義の道徳

では、なぜウィリアムズは、論文"Moral Luck"においてこのゴーギャンの例を取り上げているのだろうか。注意すべきなのは、ウィリアムズは「道徳（morals, ethics）」という概念のなかに一種の多義性を見て取っている、ということである。

まず一方には、カントの立場に極まるような意味での「道徳」概念がある。すなわち、偏りのない公平な視点からの評価に適うような、公正の原則やコントロール原則に従う義務や責任などとしての道徳である。この意味——これをここでは、狭義の道徳と呼ぼう——からすれば、言うまでもなくゴーギャンの選択は、道徳的に悪しき行為として非難の対象となる。我々は通常、配偶者や子どもを大事にすることができるし、そうすべきである。にもかかわらず家族を捨てるというのは、一般的に見て許されるものではない。

しかし、他方で、「道徳」はもっと広い意味合いも担いうる。それは、いかに生きるべ

[85] なお、論文中でウィリアムズ自身がことわっているように、タヒチ行きに際して実在のゴーギャンがどのように考え、どれほど苦悩したかといったことは、ここでは問題ではない。あくまでも、誰かが人生のなかでこのような賭けをするという状況を想定し、その意味を考える、というのがウィリアムズの狙いである。

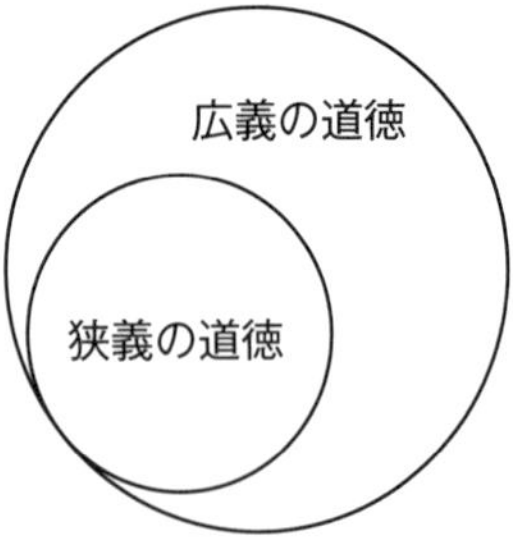

二種類の道徳の関係

きかという問題全体を射程に収めるものとしての「道徳」である。古代ギリシア以来、これは倫理学の根本に位置するはずの問題であるが、重要なのは、現実の場面でこの問題への答えとなる生き方は狭義の道徳に適うものだけとは限らない、ということである。たとえばゴーギャンが、ここでは人は普通どのような生き方をすべきなのかと問うだけではなく、ほかならぬこの私はいかに生きるべきかと問い、「私は画家として生きるべきである」と決めたとき、その生き方はまさに狭義の道徳から逸脱するものとなった。もちろん、この私はいかに生きるべきかという問いへの答えが、一般的に称賛されるような狭義の道徳的生と一致することも十分にありうる。肝心なのは、両者が必ず一致するとは限らない、ということなのである。

そして、ウィリアムズが道徳的運を問題にするときの「道徳」とは、この広義の道徳のことを指していると思われる。言い換えれば、ゴーギャンのような例にあらわれているのは、広義の道徳的運だということである。実際、後にウィリアムズは、その著書『生き方について哲学は何が言えるか』において、広義の道徳概念の方は、ギリシア語の「ἦθος《エートス》」等に由来する「ethics」という言葉に振り分け、また、狭義の道徳概念の方は、ラテン語

狭義の道徳 ＝ morals ＝ 道徳	いかに生きるべきかという問題の一部にかかわる（偏りのない公平な視点からの評価に適うような、公正の原則やコントロール原則に従う義務や責任を指す） ――およそ人一般にとって正しい個々の行為とは何かを問う
広義の道徳 ＝ ethics ＝ 倫理	いかに生きるべきかという問題全体にかかわる ――ほかならぬこの私はどういう生き方を選び取るべきかという問題も含むため、狭義の道徳に反する生き方も考慮の対象となりうる

二種類の道徳の中身

の「mores《モレス》」由来の「morals」「morality」と呼ぶことで、道徳概念の多義性を明確化させる議論も展開している（ウィリアムズ『生き方について哲学は何が言えるか』第十章）。

†倫理＝広義の道徳、道徳＝狭義の道徳

ウィリアムズのこの区別に従い、紛らわしさを避けるため、本書ではここから基本的に、広義の道徳を倫理と呼び、狭義の道徳の方を特に道徳と呼ぶことにしよう。そうすると、ゴーギャンの例という広義の道徳的運（moral luck）の一例は、むしろ、倫理的運（*ethical* luck）の一例と呼ぶ方が適当と言えるかもしれない。

ただし、このような区別が、現状を分析するための恣意的なものであることを忘れてはならないだろう。ギリシア語の「エートス」もラテン語の「モレス」も、元々は習慣や人柄といったものを表す全く同種の言葉である。

道徳的	モラル（moral）
不道徳的、背徳的	インモラル（immoral）
道徳と無縁	アモラル（amoral）

道徳性とその欠如をめぐる三区分

そこをウィリアムズが敢えて区別し、ときに倫理（ethics）と道徳（morals）という対比を行うのは、「いかに生きるべきか」という、個々の人間にとって極めて切実な問題が、倫理学の内部ではいつの間にか道徳（狭義の道徳）の次元に局限されてしまっていることを指摘し、同時にこの現状に対して疑問を呈するためにほかならない[86]。

具体的には、ゴーギャンの例においてウィリアムズは、まず、道徳的価値が個々人の生き方において常に至上の価値をもつわけではない、という事実を確認している。ゴーギャンにとって画業を大成させるというのは、自身の人生のまさに核心的なプロジェクトだった。彼は、その可能性を追求することと、家族を大切にするという道徳的価値とを天秤にかけて、前者の方を取ったのである。

また、いまの「天秤にかける」という点にまさに関係するが、ウィリアムズが同時に企図しているのは、道徳的な考慮があるがゆえに賭けとして立ち上がってくる個々の人生の重要な局面を際立たせることである。ゴーギャンのしたことは、インモラル（immoral：不道徳的、背徳的）だとは言えるが、アモラル（amoral：道徳と無縁）というわけではない。

タヒチに行くべきかどうか彼が葛藤を抱いたのは、彼の人生観や価値観のなかに（狭義の）道徳的な観点が織り込まれていたからこそである。それゆえ、ウィリアムズはこう強調している。

〔タヒチに行くことを選択することで〕彼が冒すリスクは、道徳の内部におけるリスクであり、アモラルな行為者が冒すことのないリスクである。(Williams, "Moral Luck", p. 38)

つまり、もしも家族を捨てることが彼にとって全くたいした話でないとしたら、タヒチ

[86] これと関連する論点は、現代の徳倫理学における古典的論文のひとつである、スーザン・ウルフの「道徳的聖者」においても指摘されている。彼女によれば、「道徳を頂点とした階層的な体系というモデルに基づいて、われわれの価値［のすべて］を完全に理解することはできない」（ウルフ「道徳的聖者」一〇〇頁）。逆に、道徳的価値のみを志向する聖者のような存在は、自分自身にとっての関心や情熱に身を傾けるという性質を必然的に欠いており、我々にとって魅力的ではないような——あるいは、現実には受け入れがたいような——人生や人物の像と化している、というのである。

行きはそもそも「賭け」という範疇で捉えられる重大な事柄とはならないだろう。絵の題材やインスピレーションを得るためにしばらく滞在してみる、ただそれだけの行為にしかならないだろう。逆に言えば、道徳的価値を大事に思っている人にとってのみ、タヒチ行きのような選択は賭けになりうるということである。

†アンナ・カレーニナの例

ウィリアムズは以上のポイントを、トルストイの小説『アンナ・カレーニナ』の主人公アンナの人生を例に示してもいる（ibid., pp. 26–27）。

アンナは、夫と息子を捨てて青年将校ヴロンスキーと駆け落ちした。これはひとつには、彼女にとって道徳が勧める道が比較を絶した至高の価値をもつものではなかった、ということを意味する。彼女の人生の重要な局面で、道徳的価値は他の価値と衝突し、そのなかで一定の限界を示したのである。そして、もうひとつのポイントは、彼女が事前に自身の行為の罪深さを十分に自覚していたということである。実際、彼女は後々まで良心の呵責に苦しむことになる。そして、だからこそ、その駆け落ちはまさに彼女の人生を賭した選択として際立ってくるのである。

†偏りなき視点と偏りある視点の葛藤——自己と人生に実質を与えるもの

アンナやゴーギャンの例に限らず、自分の人生にとって重要な何かのために、一般的に非難を受けるような不道徳的な行為を敢えて選択するリスクを冒す、というのは我々にとって珍しいケースではない。我々はしばしば、自分の夢や都合を優先させ、嘘をつき、多かれ少なかれ他者を傷つけることがある。

もちろん、我々の大半はアモラル（道徳と無縁）な人間ではないから、基本的に道徳的価値を尊重しようとする。すなわち、偏りのない公平な視点に立とうと努力する。しかし、それぞれが自分の人生を送る以上は、不可避的に、自分自身がそのとき特定の場所から眺める偏りのある視点にも立たざるをえない。そうした、偏りなき視点と偏りある視点との葛藤や、そのうえでなされた賭けは、それぞれの人物に具体的な輪郭を与え、それぞれの人生に独自の実質を与える重要な要素となる。ゴーギャンという人物やその生涯がタヒチ時代なしではもはや語れないこと、また、アンナという人物が、その不道徳な選択が分かちがたく含まれた仕方で、長く人々の印象に残り続ける独自性をもっていること、その背景には確かに、ウィリアムズが強調するところの広義の道徳的運——あるいは、倫理的運——が働いているのである。

2　力及ばぬことへの責任

†トラック運転手の例

上記のゴーギャンとアンナの例は、熟慮のうえで意識的に賭けを行うケースだが、先を見通しコントロールしきる力能をもたない我々は、この不穏な日常において、無数の賭けに無意識的にも身を投じ、道徳的運ないし倫理的運の影響を受けている。ウィリアムズは論文“Moral Luck”においてその一例も挙げている（ibid., p. 28）。論点を明確にするために多少改変しつつ、以下に紹介しよう。

ある男性が、仕事でトラックを走らせている。彼はずっと法定速度を守り、脇見をせず、前方をよく注意し、要するに完璧な安全運転をしていたのだが、道路脇の茂みから急に子どもが飛び出してきて、避けきれずにその子と衝突してしまう。トラック運転手はすぐに車を止めて救急車を呼んだが、治療の甲斐なく、その子どもは数時間後に病院で亡くなってしまった。彼はひどく落ち込み、「自分はなんてことをしてしまったんだ」とか、「子どもを轢いて死なせてしまった」などと自分を責める。

†狭義の道徳的運の例として

このときの彼の心境はどういうものだろうか。自分はもっと注意深く運転することができたのではないか、と思っているのかもしれない。あるいは、もっとスピードを緩めて走るべきだった、と後悔しているかもしれない。また、この事故のことを聞いた他人も、子どもだけではなく彼にも何らかの落ち度があったのではないか、事故を避ける可能性が少しでもあったのではないか、と思うかもしれない。

このような場合、彼は、運に左右された結果が自他の道徳的評価に影響を与えるという、まさに狭義の道徳的運に見舞われている。とりわけ、他人から彼に注がれる幾ばくかの非難の眼差しは、たとえば本書の冒頭で取り上げたような、公正世界仮説に基づいて被害者を非難する人々の心理（本書11―12頁）と共通するものと見なせるだろう。

†咎《とが》なく、しかし責めある行為

しかし、彼のトラックにドライブレコーダーが搭載されていたり、事故現場近くに防犯カメラがあったりなどして、事故の様子が鮮明に記録されていたとしてみよう。そして、それらを誰がどう見ても、子どもが飛び出すことをトラック運転手が予測することは一切不可能だったし、衝突を回避することも全く不可能だったとしてみよう。この場合、彼は誰にも非難されず、罪にも問われないだろう。しかし、にもかかわらず彼は責任を感じ、たとえば子どもの葬儀に出席して、遺族に謝罪する。そう想定してみよう。
このようなとき、たとえば我々が彼の友人であったとすれば、彼にどう接するだろうか。どういう言葉を彼に投げかけるだろうか。ウィリアムズは次のように述べている。

このトラック運転手に対して人々は、疑いなく、そして正しくも、彼を慰めようとして、彼の心の状態を、後悔を抱いている状態から傍観者的な心境に近い状態まで移行させようと試みるだろう。しかし、重要なことは、我々はそうした慰めを試みることを必要と見なす一方で、その運転手があまりに淡々とたやすく傍観者的な立場に移るようであれば、彼に対して何らかの不信を感じるだろう、ということである。我々はその運転手を気の毒に思うが、その感情は、「この出来事に対する彼の反応には何か特別なところがある。それは、単に『自分の過失ではない』と考えることによって取り除くことはできないようなものだ」ということと共存しており、実際のところ、このことを前提にしているのである。(ibid.)

いま想定しているトラック運転手には過失の要素はなく、紛れもなく不運に巻き込まれた人である。つまり、アダム・スミスの議論に絡んで取り上げた「最軽過失」(本書250頁)すら、彼は犯していない。それゆえ、もし彼が落ち込んでいて、「自分はなんてことをしてしまったんだ」と悔やみ、責任を感じているならば、我々は当然、「君のせいではない、自分を責める必要はない」と慰めるだろう。しかし、ウィリアムズが言うように、我々は彼をそう慰めるべきだと見なす一方で、その慰めによって彼がすぐに納得し、「そうだよね、不幸な出来事が起こっただけだよね」とケロリと立ち直るとすれば——つまり、後悔を抱いている状態から、傍観者が抱くような心境に簡単に移行してしまうとすれば——、それはそれで、彼に対して強い不信を向けるだろう。

†置き換えのきかない当事者の視点

これはどういうことだろうか。たんに、我々の態度が首尾一貫していないだけなのだろうか。つまり、彼に対して「責任を感じるな」と「責任を感じろ」という相反する要求を知らずに行っているに過ぎないのだろうか。

そうではない。いまの引用の最後でウィリアムズが強調しているように、特定の出来事を振り返って当事者が抱く「やってしまった」「これは自分のしたことだ」という認識には、「自分の過失ではない」と考えることによっては消失しない独特のものがある。その認識は、たとえば仮に先のトラックの助手席に人が乗っていたとしても、その人ですらもちえない認識であり、まさしく当事者のみがもちうる認識なのである。

そして、我々はそのことをよく理解しているから、傍観者として事故を振り返ると同時に、当事者であるトラック運転手が他の誰とも異なる独特の振り返り方をしていることも考慮し、また、「自分がトラックを運転していたなら、どれほど落ち込むことだろう」などと想像したりもするのである。

我々は、こうした理解を前提にしてトラック運転手を慰める。それゆえ、その慰めによって彼が「自分が子どもを轢いてしまった」「死なせてしまった」という回顧の仕方ではなく、「不幸な出来事が起こってしまった」「子どもが轢かれ、死んでしまった」という傍観者的な回顧の仕方にあまりにもたやすく移行してしまうのであれば、我々は、それはおかしいのではないかと思い、彼に不信を抱くのである。[87]

†コントロール原則に反する「不道徳」な感情

ある不運な出来事をめぐって、道徳的にも法的にも非難を受けないにもかかわらず、当事者が責任を感じるとき、また、そのことを我々が理解しているとき、そこで立ち現れているのは狭義の道徳的運ではなく、広義の道徳的運、あるいは倫理的運である。というのも、繰り返すように、その当事者は非難という道徳的評価の対象からは外れているからである。

　重要なのは、公正の原則やコントロール原則に照らせば、このトラック運転手は狭義の道徳の領域から外れるという意味で、まさに不道徳な人物になってしまう、ということである。「すべきはできるを含意する」（本書288頁）のであれば、いかなる意味でも当該の事故を予測・回避できなかった彼は、責任を負うべきではないはずだ。言い換えれば、彼が自分のしたことを悔い、遺族に謝罪したとき、それは狭義の道徳への顧慮をはみ出しているのである。

　ところで、同様の不道徳な感情は、他の種類のケースにも見出すことができる。たとえば、多数の死傷者が出た災害や事故などにおいて、周囲の人は亡くなったのに自分だけが生き残ったとしよう。この、不幸中の幸い（不運のなかの幸運）と言うべき状況において、

［87］行為者当人の視点と傍観者の視点の違いの内実をめぐる、より詳しい議論は、古田『それは私がしたことなのか』第三章の、特に一八二頁以降で展開している。本文のこれ以降329頁までの内容の多くは、同書の当該部分のダイジェスト版と言えるものである。

しかし、その当人は、しばしば罪悪感を覚えて苦しむことになる。この感情は一般に、サバイバーズ・ギルト（Survivor's Guilt：生存者の罪悪感）と呼ばれている。

サバイバーズ・ギルトを抱える人は、先のトラック運転手のように「自分はなんてことをしてしまったんだ」という仕方で自分を責めるわけではない。とはいえ、自分のコントロールが及ばなかった出来事に関して責めや負い目を感じており、それゆえコントロール原則に反している点では同じである。

繰り返すように、こうした感情を抱くことは、狭義の道徳に照らせば誤りである。実際、アダム・スミスであれば、こうした感情をすべて「誤った感情（感覚）」として捉えるだろう（本書252頁以下）。しかし、そのスミスが同時に、「誤った感情」を抱いて他者を思いやることに、人間愛という極めて重要な徳をもつ人の特徴を見ていることも確かなのである。

†不道徳的な人間の道徳性

ここで我々は、これらとは対照的な態度への促しとして、デカルトの「観劇の比喩」（本書215頁）を思い起こすことができるだろう。自分のコントロールが及ばなかったものは、たとえそれがどれほどの害悪でも、冷静に理性を働かせ、まるで芝居のなかの出来事のように見るべく努めよ、そうデカルトは勧める。そのとき人は、最も悲痛で耐えがたい事柄であっても自分の外なるものとして捉え、平静な心を得ることができるというのである。

ただし、そうした「観劇」の境地に実際に達するには長い反省の時間が必要だと彼が強調していたことも（218頁）、同時に忘れるべきではない。トラック運転手の例やサバイバーズ・ギルトの例はこの点を如実に示している。また、それだけではなく、自分のコントロールが及ばなかったものを自分自身から容易には切り離せないということそれ自体の重要性も、これらの例は示していると言えるだろう。

なぜなら、仮にデカルトの勧める理性的な賢者の境地に本当に立つことができる人がいるとすれば、その人は極めて冷淡と評されるだろうからである。たとえばその人は、自分の運転する車で子どもを轢いてしまったとしても、自分に落ち度はないと理解していれば、全く責任を感じることはない。あるいは、当初は落ち込んでいても、友人などから理路整然と、これこれこういう状況だったのだから君に責任はないと説明されれば、ケロリと立ち直ることができる。自分は頭が混乱していただけだ、冷静に理性的に考えれば自分が責任を感じる義理はない、そう心から納得する。――これは道徳的な人物の姿だろうか。すなわち、倫理学のなかで狭く用いられる意味合いではなく、我々が普段の生活で用いる意味合いに照らして、この人物は「道徳的」と言えるだろうか。

もちろん、サバイバーズ・ギルトのような悲痛な感情を抱え続けるのは苛酷であり、深刻な鬱やPTSD（心的外傷後ストレス障害）にもつながることが知られている。それゆえ、この種の感情から次第に離れ、傍観者的な心境へと移っていくのは必要なことだろう。とはいえ、自分のコントロールの及ぶ範囲とその外部とを容易に割り切ることができない人を、我々は普段の生活で「心優しい人」とか「真摯な人」、あるいは「まっすぐな人」などと呼ぶのではないだろうか。他方、そのようないわば理性的でない感情や性格が道徳の外部に置かれるとするなら、そこにはまさに、道徳というものを狭い範囲で捉えることの歪みがあらわれていると言えるのではないだろうか。

†道徳的な人間の不道徳性

先に第9章で、ネーゲルが狭義の道徳的運を問題にしていることを確認した。そのネーゲルは、ウィリアムズの挙げるトラック運転手の例を次のように捉えている。

> 子どもを轢いたその運転手は、もし彼に少しの落ち度もないのであれば、その事件における自分の役回りに関してひどく嫌な感情を抱くではあろうが、自分を責めるには及ばないだろう。（ネーゲル「道徳における運の問題」四七頁／p. 28-29）

「自分を責めるには及ばないだろう」というのは、トラック運転手に対する慰めの言葉としては正しい。しかし、ネーゲルは、ウィリアムズが強調する決定的なポイントを取り逃がしているように思われる。我々が実際に車を運転していて、急に飛び出してきた子どもを轢いてしまったならば、損な役回りになってしまったと「ひどく嫌な感情を抱く」どころではないだろう。たとえ自分に落ち度はないと分かっていても、後悔の念を覚え、幾ばくか責任や負い目を感じることだろう。

他方、ネーゲルの議論に従うならば、道徳的に正しい人間は、子どもを轢いても「ひどく嫌な思い」をするだけで済むし、そうであるべきだ、ということになる。言い換えれば、彼の考える道徳的な人間とは、物事をきちんと理性的に考えている限り、自分には予測する能力も回避する能力もなかった事故に関しては後悔をしたり責任を感じたりすることのない人間にほかならない。そしてこれは、本書で跡づけてきたように、ネーゲル一人の考え方などではなく、哲学者たちが古来連綿と受け継いできた考え方のひとつでもあるのだ。

†個々の人生の、かけがえのない実質

この種の考え方が抱える問題は、ひとつの出来事に対する当事者と傍観者の視点の違いを扱うことができないという点にある。狭義の道徳という観念によって代表されるこの考

え方においては、たとえばトラックを運転していた当人であっても、ほかの傍観者と全く同じ仕方で、コントロール原則という客観的な基準から理性的に判断し、責任の有無を決定することになる。あたかも、当事者が自分自身から抜け出して、完全に偏りのない俯瞰的な視点から――ストア派が理想としたような、誰からも等距離な視点（本書180―181、268―269頁）から――当該の事故を眺められるかのように。

こうした、いわば均質な世界として我々の生きる世界を捉える道徳的な世界観を、ウィリアムズは、「すべての出来事とすべての人間が等距離にあるような世界観」（Williams, "Moral Luck", p. 37）と呼んでいる。その均質な世界では、ほかならぬ自分が運転していたという事実、事故に対する自分と傍観者の距離の違いが、どこかにかき消えてしまうのである。

この均質な世界は、我々が現実に生きている世界ではない。我々はそれぞれ、常にいま・ここから――つまり、自分だけが占める立ち位置から――現実と向き合っている。その経験は、文字通りの意味でかけがえのないもの、他人と置き換えのきかないものであり、そしてそのこと自体が、我々が自分たちの生きているこの世界に対してもっている理解の一部を構成しているのである。我々は、この世界が様々に異なる人々によって成り立っており、それぞれの経験にはかけがえのない実質があることを、よく理解しているのである。

もちろん、我々は自分自身を客観的に見る視点も備えているから、「あなたの責任ではない」という他人からの慰めも理解できる。だからこそ、その慰めによってある程度救われもする。しかし、苦しみや悲しみから容易には解放されないだろう。言い換えれば、当事者の視点と傍観者の視点の割り切れなさを感じ続けるだろう。そしてその感情は、自分の経験が他人とは置き換えのきかないものであるという、我々の人生において本質的に重要なポイントを、むしろよく理解しているがゆえに覚える感情なのである。

3　道徳と実存の間

†悲劇――道徳的な義務という観点を超えた問いかけ

他の誰とも置き換えのきかない当事者の心境は、長くその人自身を蝕むこともあれば、やがて傍観者的な心境へと移りゆくこともある。そして、その移行の仕方も人によって様々だ。ウィリアムズがトラック運転手の例を用いて示すもうひとつの論点は、この個別性である。

我々がトラックを運転していた当事者だったとしたら、事故後にどのような思いを抱くだろうか。子どもの葬儀に赴いて家族に謝罪したり、あるいは弔慰金を渡したりすべきだ、という人もいるだろう。あるいは、そこまでする必要はない、という人もいるだろう。自分に落ち度のない出来事に対して結果責任を引き受けることや、そうした態度を勧めることは、社会に深刻な悪影響を及ぼすと考える人もいるだろう。

同様の個別性は、本書の第I部で見たオイディプスの例（66－69頁）にも当てはまる。運・運命《テュケー》に翻弄された当事者であるオイディプスは、ソポクレスの物語では、自らの目を潰し、自らをテバイの地から追放させ、荒野をさすらう身となる。しかし、自分の咎ではない出来事によって、そこまで自分を罰する必要はない、という見方もありうるだろう。実際、ホメロスの『オデュッセイア』でもオイディプスの逸話は登場しているが、そこでの彼は、自分のしたことを知り、深い苦悩や悲しみに陥りながらも、テバイの地の王であり続けているのである（ホメロス『オデュッセイア』270-280）。

ウィリアムズによれば、この種の悲劇の特徴は、「『こうした事柄についてどのように考えたいと思っているか』という問いを我々に迫る」（Williams, "Moral Luck", p. 30, n. 2）という点にある。そして、この問いに対して出される答えは人によって様々である。言い換えれば、トラック運転手やオイディプスの例をどう考えるべきかというのは、道徳的な義務という観点から捉えられるものではない。誰からも等距離な視点から、コントロール原則に従い、同条件下の万人に対して「こうすべきだ」という風に課されるものではないのである。

†賢明でない行動がもつ実質

狭義の道徳を超えた次元では、我々は個々に自分なりの答えを迫られる。それは、上記のようにすでに起こってしまった出来事にどう対応するかという場合もそうであるし、また、これから何をするかという場合もそうである。

ゴーギャンの例やアンナ・カレーニナの例でも、道徳的に正しいのは言うまでもなく家族の許にとどまることだが、彼らのように、この自分がいかに生きるべきかを問い、葛藤の末に別の選択肢に賭ける者もいる。その結果、ゴーギャンは後世に残る数々の名画を生み出したが、それらが彼の生前に評価されることはなかったし、彼の私生活も最期までトラブル続きだった。また、アンナの人生も、絶望の果てに列車に身を投げるという結末に終わっている。

彼らの人生が、オイディプスの人生と同様、皆が目指すべき模範となるような道徳的生でないことは言うまでもない。むしろ、悪とか愚かといった評価すら下されるかもしれない。しかし、合理性や賢明さとは程遠い彼らの行動は、先にも触れたように（本書311頁）、それぞれの自己と人生の実質を形成する当のものでもあるのだ。

†意志の産物と運の産物との分かちがたい網の目としての人生

安定しない不穏な日常にあって、賭けをしつつ生きること。それは、ゴーギャンやアンナの例のように、自分の人生の重要な局面を運に委ねることを意識的に選択することも含むし、また、トラック運転手の例のように、重大な事故が起こったことによって、車の運転といった日々何気なく行ってきた行動が、いわば無意識的な賭けであったことが露わになることも含む。いずれにせよ、人生を不断の賭けとして捉えた場合、運の産物とそうでないものとの境界線はどうしても曖昧なものとなる。

この「境界線の本質的な曖昧さ」という点は、〈境遇の運〉をめぐって前章で確認した点とも共通している（本書290－292頁）。つまり、〈境遇の運〉であれ、〈結果の運〉であれ、どこまでが運の影響であるかをはっきりと区別することはそもそも困難だということである。そして、ウィリアムズの議論に従うなら、この困難さそれ自体が、人生をかたちづくる本質的な要素にほかならない。この論点が最も明確にあらわれている一節を以下に引用しよう。

……きちんと頭脳明断に自分自身を管理し、我々の行為における意図せざる側面を我々自身から完全に切り離し、そのコストをたとえば保険基金などに任せて、それでも行為者としての我々のアイデンティティや性格が維持される、と考えるとすれば、それは大きな誤りである。いかなる意志の産物も、意志の産物でないものによって取り囲まれ、支えられ、部分的にはそれらによって構成されており、それらは一個の網の目を形成している。人間の行為者としての履歴は、そうした網の目にほかならないのである……。(Williams, "Moral Luck", p. 29)

仮に我々が、多くの哲学者たちが勧めるように、合理的にものを考え、自分ではコントロールできない運の産物については全く後悔の念を覚えず、責任を感じず、したがってそれらを自分自身から完全に切り離し、運による影響はすべて保険基金などの社会制度による調整に任せるとしてみよう。しかし、本当にこの方針が貫徹されたならば、行為者としての我々のアイデンティティや性格は維持されなくなるとウィリアムズは指摘する。というのも、我々の実際の人生を顧みるならば、その営みの大半が、大なり小なり運によって影響を受けていることは明白だからである。

もちろん、事前に慎重に熟慮し、確率の概念や統計の手法なども駆使して未来を予測し、入念に計画を練り、ありうる事態に備えようと試みることは非常に大事だ。人々のそうした弛《たゆ》まぬ最大限の努力によって、各種の技術や制度もより洗練され、社会における様々なリスクの低減や不平等の解消などにもつながるだろう。しかし、そうした努力にはどうしても現実問題として限界があり、まさに計り知れない出来事に我々が日々見舞われていることも、また確かなのである。

我々が何らかの行為を自分で意志できるのは、そもそも〈境遇の運〉によるものが大きいし、その行為の成り行きも〈結果の運〉に晒されている。ウィリアムズが言うように、いかなる意志の産物も、意志の産物でないものによって取り囲まれ、支えられ、部分的にはそれらによって構成されている。我々がそれぞれに行為しつつ辿ってきた人生の履歴は、意志の産物とそうでないものとが互いに織り込まれて原理的に切り離すことができない、一個の網の目として特徴づけられるということである。ウィリアムズは次のようにも述べている。

> ……後悔は消去しえないということ、人生は「意図的にしたこと」と「他の、単に自分に起こっただけのこと」とに峻別できるようなものではないということは、行為というものの本性に存することである。(Williams, *Shame and Necessity*, p. 70)

この世界のなかで行為しつつ生きる人間をめぐって、ウィリアムズが強調するこうした特質は、たとえばキケロが賢者の特質として挙げたもの、すなわち、「後悔するようなことは何ひとつしない」（本書184頁）という特質とは正反対である。むしろ、後悔は消去しえないということ、「意図的にしたこと」と「単に自分に起こっただけのこと」とを完全に区分けし、後者を自分から切り離す、という芸当が困難であることにこそ、人間の生の特質があるとウィリアムズは考えるのである。

†道徳の問題と実存の問題にまたがる倫理学

以上のようなウィリアムズの議論は、ネーゲルを中心とした議論とは対照的な方向性を示している。

ネーゲルらの「道徳的運」論は、正義の内実を問う政治哲学や、非難や帰責の可能性などに関する法哲学の議論領域に深く結びつくものだと言える。それらは、あくまでも一般的な観点から、社会のあるべき制度や施策を検討していくことに主眼が置かれている。

他方、ウィリアムズが展開する道徳的運――あるいは、倫理的運――をめぐる議論は、ときに狭義の道徳からはみ出すような、個々人にとっての自分の生き方という問題も視野に収める思考だと言える。この問題は、一般的には「実存」という言葉が振り分けられるものだ。つまり、ウィリアムズにとって倫理学とは、(「道徳」を狭義の意味でとった場合の)道徳の問題と、それから実存の問題、その両者にまたがるということである。

†倫理学とはどのような営みか――人間を問うことへの問い

ただし、個別の人生の実質を考慮した実存の問題の探究というのは、学問ではなく文学に任されるべきものだ、という見方もあるかもしれない。確かに、アンナの人生はそれこそ『アンナ・カレーニナ』という長編小説で描き取られたものであるし、テオグニスの問いやオイディプスの懊悩なども、詩や演劇のなかで表現されたものだ。

しかし、文学作品において主題的に扱われるものは学問の対象にはなりえない、ということが必ず言えるとは限らない。むしろ、学問と文学の主題は完全に分けられるべきだとするなら、学問が捉える人間の生というものは、常に不正確で、決定的な部分が欠けたものとならざるをえない。というのも、ときに狭義の道徳をはみ出す個々人の置き換えのきかない問題が、学問では扱えないものとなってしまうからである。実際、この問題に最も接近するはずの倫理学という学問は、これまで繰り返し指摘してきたように、一般理論の構築や検討という課題に注力する一方で、個々人が送る個別の人生と、その不可欠な要素としての運の問題をなおざりにする傾向が強かったと言える。

これに対してウィリアムズは、人生のかけがえなさや運の問題はまさに倫理学的探究に含まれると考える。それは、人間の生をあるがままに全体として捉えようとする、ある意味では極めて野心的な立場である。いかに生きるべきかを問いつつ生きる、当の人間とはいかなる存在なのか、それが彼にとっての倫理学の問いなのである。

はたして、「人間の学」たる倫理学は——すなわち、道徳や倫理をめぐる人間の思考は——運の要素を完全に排除すべきなのか、あるいは、狭義の道徳的運の問題を取り込むべきなのか、あるいはまた、広義の道徳的運（倫理的運）の問題をも含んだかたちで、実存の領域へと踏み込むべきなのだろうか。運をめぐるウィリアムズの特異な思考は、そもそも倫理学とはどのような営みなのか、さらには、人文学や科学等の学問は人間の何を問い、何を明らかにしようとしているのか、その基本の問題をあらためて我々に突きつけるものだと言えるだろう。

†摩擦＝運の不可欠性——「ザラザラした大地」の倫理学

本書では、この問題自体にさらに分け入っていくことはできない。とはいえ、運をめぐってここまで確認してきた諸論点を踏まえて、道徳と実存の問題をまたがる倫理学探究の内実を、もう少しだけ明確にしておくことはできる。

一般的な義務や規範、法の原理を考えるとき、運とは得てして、理想や予想を裏切り、秩序や安定を乱す厄介者として捉えられがちである。それゆえ、倫理学上の理論では、あたかもこの世に運など存在しないかのように、この要素を無視して議論が進められていく傾向が強く見られる。（したがって、アダム・スミスが運の問題を正面から検討しているだけではなく、運の要素の積極的な意義すら見出そうとしているのは、比較的珍しい例だと言える。）

こうした傾向は、たとえば物理学の基礎的な計算問題などで、摩擦というものの存在がときに無視されることに比されるかもしれない。あるいは、現代の哲学者のルートウィヒ・ウィトゲンシュタインが、論理的に構築された自らの言語理論を、滑らかな氷の上の世界に喩えていることとも関係づけられるだろう。

> そこには摩擦がなく、ある意味で条件は理想的なのだが、しかし、だからこそ我々は歩くことができない。我々は歩きたい。そのためには摩擦が必要なのだ。ザラザラした大地に還れ！（ウィトゲンシュタイン『哲学探究』一〇七節）

理想的な条件を設定しようとするとき、人はしばしば「摩擦」の存在を無視しようとする。

しかし、実際のところ、摩擦がなければ物が動くことも人が歩くこともできない。右の引用でウィトゲンシュタインが想定している議論領域である「言語哲学」を「倫理学」へ、そして、「歩くこと」を「生きること」へと置き直すならば、右の引用はウィリアムズの問題意識として読み替えることができる。すなわち、摩擦は――つまり運は――人生をかき乱す厄介者などではなく、それなしではそもそも「生きる」ということが不可能な要素なのだ、と。

†運という概念が反映しているもの

倫理学上の理論を通して世界を眺めている場合はともかく、現実の生活において我々は「摩擦」ありきで生きている。すなわち、運の影響から目を背けるのではなく、多かれ少なかれ、運の産物を自分自身をかたちづくる一部として引き受けている。

ただし、その引き受け方は様々だ。たとえば、偶然と思われたものは実は必然だった、という風に捉えられる場合もあるだろう。幸運や不運によって我が身に起こった出来事を、当人が自分の人生における本質的に重要な部分として位置づける場合には、そうしたいわば偶然の必然化のプロセスが辿られている。[88] それはまさしく、当該の出来事をまさに運命として受けとめていくプロセスだとも言える。

他方で、偶然をあくまで偶然として受けとめつつ、その偶然の結果を引き受ける、ということもありうるだろう。それは、自分の人生の諸局面に対してことさらに意味づけを行うことなしに、ともかくそうなってきたことの集積として、自己とその生の中身を受けとめることである。人生に対するこうした態度は、刹那的とか無責任といった非難を浴びるかもしれないし、あるいは、意味づけにとらわれた世界観から抜け出した軽やかな態度、といった評価を受けるかもしれない。ただ、いずれにせよここでおさえておくべきなのは、さしあたり、そうした引き受け方も確かに可能だ、ということである。

本書で繰り返し確認してきたように、運とは本来、偶然的な作用と必然的な作用の両面を意味しうる概念である。運はときに運命と化す一方で、純粋な偶然という側面のみ焦点化されるケースも多い。そして、偶然なのか必然なのかがそもそも判然としないケースにも、しばしばこの概念が適用される。運という概念のこうした両義性や曖昧性は、我々の生き方の個別性と、その個別の生き方の複雑性を反映している。その意味で、運という捉えがたい概念を手放さないことは、個々の人生の実質を手放さないことに直結するのである。

［88］　九鬼周造は、主著『偶然性の問題』の結論へと進むなかで、運命という概念について、「偶然が人間の実存性にとって核心的全人格的意味を有《も》つとき、偶然は運命と呼ばれる」（二四四頁）と論じている。九鬼がそのように輪郭づける「運命」の概念は、一般的には専ら必然的な作用として捉えられる「運命」よりも、むしろ、本書で「運」と呼んできた概念と重なるものだと言えるかもしれない。

エピローグ——失われた〈耳〉

†偉大《グレート》なるギャツビー

本書では、人生における運の問題をめぐって、古来人々がどのような思考を紡いできたのかを追った。その過程で、神と人間、賢者と愚者、理想と現実、道徳とその外部、そして、人一般とこの私、という対比を照らし出し、総じて、人間のあるべき生と、人間のあるがままの生との裂け目を見つめることになった。

以上の道程の締めくくりに臨んで、アメリカ文学史上の傑作に描かれたある個人を取り上げてみたい。それは、スコット・フィッツジェラルドの長編小説『グレート・ギャツビー』の主人公、ジェイ・ギャツビーである。

ギャツビーは、哲学者の考える賢者のような存在とは対極にいる人物である。上流階級然とした、しかし、どこかわざとらしい口調や立ち居振る舞いの男。彼はピンクのスーツで黄色のスポーツカーを乗り回し、豪邸で毎夜大きなパーティーを開く。その派手な生活を支える巨万の富は、どうやら非合法の商売で稼ぎ出されているらしい。サン・フランシスコの富裕な家に生まれ、オクスフォード大学で教育を受け……といった彼の華麗な経歴も、ほとんど嘘で塗り固められたものだ。感情の起伏が激しく、感傷的で、ナイーブで、しばしばうろたえ、高揚し、不安に支配される。

要するに彼は、物語の語り部であるニック・キャラウェイから、「ぼくが心からの軽蔑を抱いているすべてのものを一身に体現しているような男」(『グレート・ギャッツビー』七頁)と言われる人物である。ニックは最初から最後まで、ある意味では彼を肯定しなかった。つまり、「偉大《グレート》なるギャッツビー」という呼び名は、一面でははっきりと皮肉で言われている。しかし、この物語は同時に、ニックと読者が、ギャッツビーの紛れもない偉大《グレート》さを理解していく物語でもあるのだ。

良家の娘デイジーと深い恋に落ち、やがて別れ、五年もの歳月が経って、デイジーが他人の妻となってもなお、ギャッツビーはデイジーに焦がれ、過去と彼女を取り戻すことができると信じていた。彼の芝居じみた振る舞いも、格好も、経歴も、パーティーも、金儲けも、すべてが、時の流れに逆らい、彼女をもう一度振り向かせるための手段に過ぎなかった。彼は人生まるごとを、その無謀な夢に賭けたのである。

ニックの見るところ、ギャッツビーには「人生の希望に対する高感度の感受性」(同)、

「希望を見いだす非凡な才能」（同）があった。そのあまりに猥雑とした人生、最期には無残にも殺されたその人生を見届けたニックは、しかし、ギャツビーは人としてまっすぐだったと振り返る。彼を取り巻く連中と比べながら、「あんたには、あいつらをみんないっしょにしただけの値打ちがある」（同二五四頁）、物語の終盤で、そうニックは叫ぶ。

†愚かな人生のリアリティ、真摯な生き方への問い

どうして、これほどの俗物が、偉大であるということがありうるのだろう。傲慢さや愚かさ、弱さ、脆さが、そのまま強さや気高さ、美しさでもあるとはどういうことだろう。ここで我々は、オイディプスが帯びるある種の偉大さという謎（本書84頁）に再び差し戻されることになる。

ただ成り行きに従って流れるのではなく、もがき続けようとするオイディプスの姿は、「絶えず過去へ過去へと運び去られながらも、流れに逆らおうとする舟のように、力のかぎり漕ぎ進んでゆく」（『グレート・ギャツビー』三〇〇頁）ギャツビーの姿と重なり合う。そして、その姿はニックによれば、ギャツビーだけでなく我々自身の姿でもある。すなわち、手の届かぬもの、自分の力の及ばぬものを前に、賢者のごとく達観するのではなく、あくまでも手を伸ばそうと悪あがきする、神ならぬ人間ならではの姿である。そしてそこ

に、ある種の偉大さが宿る。それはいったい、どういう種類の偉大さなのか。なぜ偉大なのか。これは容易には解きほぐせない、人間の秘密に迫るはずの謎だ。

ギャツビーの生き方もオイディプスの生き方も、決して褒められたものではない。少なくとも、皆の称賛を浴びる模範的なものではない。つまり、それは「狭義の道徳」から外れた生き方であり、その意味で不道徳な生き方である。しかし、なぜか人の心を打つ真摯さが――道徳的な生真面目さとは異なる真摯さが――そこにはある。また、恋愛や芸術に自分を賭けるアンナやゴーギャンの生き方にも、そうした真摯さを見ることができるだろう。彼女らの生き方に我々はどこか強く魅かれ、やはり、ある種の偉大さを見て取る。そこには、どれほど道徳的でなかろうと、血の通った人間らしさがあり、そして何よりも、狭義の道徳によって推奨される賢者の生とは異なり、確かには手にできないものを追って日々愚行を重ねつつ生きる我々の生と通じるリアリティがある。はかれないもの（計り知れないもの）、はかないものがあってこそ、我々は絶望し、歓喜し、虚しさや意義を得る。はかないものは、はかないがゆえにこの現実の生にとって決定的に重要なのだ。

†現実に裏打ちされた理想

ただし、これは、哲学者たちが語ってきた理想が浮ついた絵空事であることを示すわけではない。

第Ⅱ部で確認したように、ソクラテスとプラトンは、自分が非常識な逆説を述べていることをはっきりと自覚していた(本書207頁)。彼らは、現実に順応する人々に敢えて立ちはだかった。その結果、たとえばソクラテスの主張は実際に危険と見なされ、都市国家アテナイにおいて合法的に殺されたのである。

彼らの生きた時代のアテナイは、歴史家トゥキュディデス(前四六〇頃―四〇〇頃)がその冷厳な眼差しで記録しているように、戦争が相次ぎ、大規模な疫病が襲う騒乱の渦中にあった。弱肉強食の考えが人々に広まり、公平な視点よりも党派的な結束が促された。人々は当面の安寧に釘づけになり、相手の機先を制して裏をかく行為が横行した。雄弁さが物を言うようになり、極端なことを言う人間がもてはやされ、中庸を保つ人間は両極の人々からの攻撃に晒された。

そして、「言葉の通常の意味すら、行為を正当化する意味にすり変えられた」(トゥキュディデス『歴史』III-82)。「蛮勇」は「仲間を愛する勇気」とされ、「周到な考慮」は「臆病者のごまかし」とされた。「……多くの人は、無知でありながら善人だと言われるよりも、悪人でありながら機敏だと言われるのを好んだ」(同)。こうした状況をトゥキュディデスが一筆書きで描き取った一節を、少し長く引いておこう。

人々は、以前には好き勝手には為さず隠していたことを、今は気軽に敢行するようになったが、これは人々が運命の急転回を眼前に見たからである。たとえば、裕福であった者が突然に死亡し、以前には無一物であった者が、死者の財産をたちまちに手に入れていた。それゆえ、肉体も財産も等しく束の間のものと考え、快楽を求めて手早く享楽を得ようとしたのである。そして、崇高と思われる目的のために苦難の道を歩むことには、誰も熱意を示さなくなった。それに到達する前に生命を失っているかもしれないと考えたからである。即座に甘美なもの、何であれ快楽に寄与するもの、これこそが高貴にして有益なものと定まってしまった。神々への畏敬も人間社会の法律も、いずれも人々を抑制できなかった。それは一方では、誰でも同様に死ぬのを見れば、神を敬っても敬わなくても同じことだと考えたからであり、他方では、誰も犯罪の裁きの日まで生き長らえて、刑罰を受けることになろうとは期待しなかったからである。むしろ、すでに彼らに対して下され、今や彼らの頭上に吊るされている刑罰の方が遥かに重いものであり、これが落下するより以前に人生を多少とも享楽しておくべきだと彼らは考えたのである。（同 II-53）

この叙述にも当然誇張や脚色はあると思われるが、多かれ少なかれ、ソクラテスとプラトンが対峙していたものが何であったかをよく示していると言えるだろう。不正を犯しながら刑罰を受けない者は、それを受ける者よりも不幸である、といった彼らの主張（本書101頁）は、実に、こうした状況を含む現実に向けられた挑発だった。「公正世界（just-world）」（本書11頁）とは程遠い、神を敬っても敬わなくても運に翻弄される世界、何か約束と違う世界のなかで、人々は徳を無力と見なし、さらには悪徳を徳と見なしさえする。この現実と文字通り命がけで切り結ぶなかで、彼らの主張は生命を得て、人々を苛立たせ、また鼓舞もしたのだろう。その意味で彼らの倫理学は、この現実によっていわば裏打ちされるものだったのである。

†理想と現実の緊張を取り戻す

しかし、かつては非常に逆説的に思われた彼らの主張は、やがて挑発的な響きや色合いを失い、むしろ文明的な世界の人々から称賛され、信奉されるようになった。そして、その過程と反比例して、人々は彼らの主張を逆説として感じる〈耳〉を失った――そうアーレントが指摘していることはすでに見た（本書208―209頁）。それは倫理学の歴史の輝かしい成果だと言えるかもしれないが、他方では、目を覆いたくなる失敗だとも捉えうる。

「進歩」という幻想とは裏腹に、欺瞞や悪徳、不条理等にあふれた社会の現実は、いまも、トゥキュディデスが見たものも、本質的には何も変わりはないはずだ。にもかかわらず、道徳は現在、しばしば陳腐なお説教と化し、万人がこの現実の社会で当然果たすべき義務として受けとめられている。そして、道徳性への潔癖さそれ自体がときに、安全なところから他者を容赦なく叩きのめすための手段ともなっている。(たとえば、芸能人や有名人の不倫に対する昨今の袋叩きの傾向は、その分かりやすい一例だろう。)

倫理学上の多くの議論は、道徳の至上の価値を語る言葉や理論を洗練させてきた反面で、運の問題それ自体に正面から向き合うことを避け続けてきたが、それによって、いま述べたような状況を追認ないし強化してきたとも言える。「失敗」とは、そのような意味である。

道徳的な価値を相対化し、不道徳な生のリアリティを倫理学に持ち込もうとするウィリアムズの議論は、以上の点からすると、倫理学上の言説に新鮮さを取り戻させる営みとしても解釈できるだろう。すなわち、道徳が要求する理想と現実との間の緊張を再びもたらし、失われた〈耳〉を再生させる役割を、彼の議論に見出すこともできるだろう。

†多様な要素を検討する必要性――我々自身を全体として理解するために

とはいえ、そのような緊張や〈耳〉の回復は、もちろん、いわば原理主義的に古代ギリシア人の眼差しや彼らの思想に単純に立ち帰るということを意味するわけではない。

本書はここまで、西洋の倫理学に絞って、しかも、その一部のみを集中的に取り上げてきた。世界にはほかにも多様な思考が存在してきたことや、それらが互いにかかわり合いながら現在へと流れ込んでいるということも、忘れてはならない。また、神仏等の超越的存在の意味および、社会における宗教の位置づけの変化も重要な要素だ。さらには、数学や論理学や統計学を含む科学・技術の発展や、政治・経済の構造の変化といった要素も、やはり無視することはできない。

つまり、我々自身を理解し、そのあるべき姿を見据えようと望むなら、少なくとも現在に至る学問分野の多様性に見合うだけの広大な領域が検討の材料となりうるということだ。それは、過去から未来へと延びる人間の営みの複雑さを鑑みれば当然と言える。

†道徳的に評価するとは別の仕方で

そのなかで、本書が焦点を合わせてきたのは、避けがたく運とともにある人間の生とは何であるかについて、また、道徳を気にかけつつ道徳をどうしても踏み外してしまう人間とはどのような存在であるかについて、いまあらためて正面から考え直すことの必要性である。それは、我々がギャツビーやオイディプス、あるいはアンナたちに目を向けるときがそうであるように、道徳的に評価するということとは別の仕方で――すなわち、肯定や否定、称賛や非難とは別の仕方で――人間に向き合うことを含む。

道徳的な評価という枠組みのみに囚われずに人間を見つめるならば、幸運な人に対して我々がとりうる態度には、戒《いまし》めたり「不公平だ」「ずるい」などと非難することだけではなく、ともにただ喜び、祝福するということ、あるいは、ただ羨み、かくありたいと願うということも含まれるはずだ。同様に、不運な人に対しても我々は、自業自得と非難できるように落ち度を探すというよりも、むしろ、ともにただ悲しみ、憐れむという態度をとりうるはずだ。そして、不確かなはかない世界のなかで真摯にもがき、「賭け」を続ける愚かな人の姿に対して、我々はときに偉大さを感じることができるはずなのだ。

実際、日々の生活において、我々は少なからずそのような態度をとっている。現実の生活には運という「摩擦」が存在し、それなしでは自己と人生は実質をもたない。すなわち、我々にははかれない出来事によって、かけがえのない我々個々の人生の多くが形成されている。そのことを我々はよく理解しているから、運の影響をただ否定するのではなく、運を畏れつつ引き受けてもいる。そして、運に翻弄される人間の姿やその禍福を多様な仕方で受けとめる眼差しをもっているのである。

†運の肯定と否定の間

幸運な人を道徳的に評価するのではなく、ただ祝福し、羨むこと。不運な人に対して、ただともに悲しみ、憐れむこと。運の荒波に翻弄されつつも、力の限り前に漕ぎ進もうとする人の姿に、人間ならではの偉大さを見て取ること。そして、みずからも運を引き受けること。すなわち、自分を外部から襲う何かとして運を捉えるのではなく、むしろ、運の産物を含めた一切を、自分自身をかたちづくる一部として捉えること。――こうした態度は、しかし、運を肯定することと紙一重である。すなわち、生まれや育ちによる不平等を認め、その格差の固定化を支持することなどに帰着しかねない。

また、運を否定しないことは、結果責任の濫用なども呼び込みやすい。たとえば、あのトラック運転手や、サバイバーズ・ギルトを抱える人々に顕著であるような、運の産物をも自分の一部として引き受け、自分の人生から引き離さないという姿勢。さらには、傍観者も当事者のそうした割り切れない思いを単に「不合理な感情」や「頭の混乱」などとして切り捨てず、理解できるものとして受けとめるという姿勢。これらはつまり、何か悪いことが起こったときに、その出来事とかかわりのある人に対して、たとえその人に何の落ち度もなくとも責任を負わせるやり方と、非常に親和性が高いと言える。

そして、そのように運の産物を自分や他人をかたちづくる一部として認めることは、何より、トゥキュディデスが騒乱のアテナイに見たような無慈悲な世界観や、虚無的な人間観へと向かう傾向を助長するだろう。総じて、運を自他の人生から切り離さずに引き受けることは、運の肯定に伴う幾多の危険を抱え込むことになるのである。

しかし、かといって、運のなかに生きる人間への眼差しをまるごと放棄すれば、人間の輪郭のほとんどを見失うことになる。というのも、我々の人生とは、運の産物が不断に織り込まれた網の目にほかならないからだ。はかれないもの、はかないものがあってこそ、我々の生に光や闇がもたらされ、陰影が与えられる。本書では全体を通じて、この点を度々確認してきたつもりである。

運の肯定と否定の間――人間について考えることは、鋭く切り立った尾根の上を歩くような危うい道のりである。しかも、我々はその営みに関して、いまだ初心者に過ぎない。

文献表

※辞典・事典は記載していない。

※欧語文献からの引用に際して、本書では、邦訳のあるものについてはそれを大いに参考にしているが、多くの場合、あらためて原典にあたって訳し直すことで、原語の明示や表記・言い回しの統一などを図っている。そのため、本書の訳文は必ずしも以下に挙げている邦訳の文言と一致していない。訳者の方々にはお礼とお詫びを申し添える。

なお、引用元の原典の該当箇所を特定するのが容易でない文献の場合には、読者の便宜のため、対応する邦訳のページ番号と原典の節番号・行番号等を並記している。（邦訳のページ番号のみを記載している場合には、当該書の訳文をそのまま使用している。）

【欧語文献：邦訳アンソロジー】

『ソクラテス以前哲学者断片集』第四分冊、内山勝利（他）訳、岩波書店、一九九八年。

『初期ストア派断片集』全五分冊、中川純男（他）訳、京都大学学術出版会、二〇〇〇－〇六年。

【欧語文献：邦訳】

アイスキュロス『縛られたプロメテウス』、呉茂一訳、《ギリシア悲劇 I》、ちくま文庫、一九八五年。

アリストテレス『形而上学』上・下、出隆訳、岩波文庫、一九五九－六一年。

――『弁論術』、戸塚七郎訳、岩波文庫、一九九二年。

――『ニコマコス倫理学』、神崎繁訳、《アリストテレス全集一五》、岩波書店、二〇一四年。（上・下、高田三郎訳、

岩波文庫、一九七一―七三年。朴一功訳、京都大学学術出版会、二〇〇二年。上・下、渡辺邦夫・立花幸司訳、光文社古典新訳文庫、二〇一五年）

――『魂について』、中畑正志訳、《アリストテレス全集七》、岩波書店、二〇一四年、一―一九〇頁。

――『エウデモス倫理学』、荻野弘之訳、《アリストテレス全集一六》、岩波書店、二〇一六年、一八九―四〇四頁。

――『動物の諸部分について』、濱岡剛訳、《アリストテレス全集一〇》、岩波書店、二〇一六年、一―二二八頁。

――『政治学』、神崎繁・相澤康隆・瀬口昌久訳、《アリストテレス全集一七》、岩波書店、二〇一八年。（山本光雄訳、岩波文庫、一九六一年）

アリソン、H・E『カントの自由論』、城戸淳訳、法政大学出版局、二〇一七年。

アーレント〔アレント〕、ハンナ『責任と判断』、中山元訳、ちくま学芸文庫、二〇一六年。

ウィトゲンシュタイン、ルートウィヒ『哲学探究』、藤本隆志訳、《ウィトゲンシュタイン全集八》、大修館書店、一九七六年。

ウィリアムズ、バーナード〔バナード〕『生き方について哲学は何が言えるか』、森脇康友・下川潔訳、産業図書、一九九三年。

ウルフ、スーザン「道徳的聖者」、佐々木拓訳、『徳倫理学基本論文集』、加藤尚武・児玉聡編・監訳、勁草書房、二〇一五年、七三―一〇三頁。

エピクテトス『人生談義』上・下、鹿野治助訳、岩波文庫、一九五八年。

エルラー、ミヒャエル『知の教科書　プラトン』、三嶋輝夫・田中伸司・高橋雅人・茶谷直人訳、講談社。

カント、イマヌエル『実践理性批判』、坂部恵・伊古田理訳、《カント全集七》、岩波書店、二〇〇〇年、一一七―三五七頁。（熊野純彦訳、作品社、二〇一三年、一―三五六頁。）

――「形而上学L1」、八幡英幸・氷見潔訳、《カント全集一九》岩波書店、二〇〇二年、一―二三三頁。

――『人倫の形而上学の基礎づけ』、平田俊博訳、《カント全集七》、岩波書店、二〇〇〇年、一―一一六頁。（野田又夫訳、中公クラシックス、二〇〇五年、二二五―三六三頁。『倫理の形而上学の基礎づけ』、熊野純彦訳、作品社、

二〇一三年、二五一二五九頁）

――『純粋理性批判』中、原佑訳、平凡社ライブラリー、二〇〇五年。（有福孝岳訳、《カント全集五》、二〇〇三年。熊野純彦訳、作品社、二〇一二年）

キケロ〔キケロー〕『法律について』、岡道男訳、《キケロー選集八》、岩波書店、一九九九年、一七七―三〇八頁。

――『義務について』、高橋宏幸訳、《キケロー選集九》、岩波書店、一九九九年、一二五―三五二頁。

――『善と悪の究極について』、永田康昭・兼利琢也・岩崎務訳、《キケロー選集一〇》、岩波書店、二〇〇〇年。

――『運命について』、五之治昌比呂訳、《キケロー選集一一》、岩波書店、二〇〇〇年、二七五―三二三頁。

――『トゥスクルム荘対談集』、木村健治・岩谷智訳、《キケロー選集一二》、岩波書店、二〇〇二年。

ゴラン、B・Π『ギリシア人の運命意識』、一柳俊夫訳、風行社、二〇〇二年。

サンデル、マイケル『リベラリズムと正義の限界』、菊池理夫訳、勁草書房、二〇〇九年。

スピノザ『エチカ』下、畠中尚志訳、岩波文庫、一九七五年。

スミス、アダム『国富論』第二分冊、水田洋訳、岩波文庫、二〇〇〇年。

――『道徳感情論』、高哲男訳、講談社学術文庫、二〇一三年。（上・下、水田洋訳、岩波文庫、二〇〇三年。村井章子・北川知子訳、日経BP社、二〇一四年）

セネカ『自然研究』I、土屋睦廣、《セネカ哲学全集三》、岩波書店、二〇〇五年。

――『倫理書簡集』I、高橋宏幸訳、《セネカ哲学全集五》、岩波書店、二〇〇五年。

――『ポリュビウスに寄せる慰めの書』、大西英文訳、《セネカ哲学全集二》、岩波書店、二〇〇六年、一―四六頁。

――『恩恵について』、小川正廣訳、《セネカ哲学全集二》、一六五―四八二頁。

――『摂理について』、《怒りについて　他二篇》、兼利琢也訳、岩波文庫、二〇〇八年、九―三九頁。

――『幸福な生について』、《生の短さについて　他二篇》、大西英文訳、岩波文庫、二〇一〇年、一三一―二七二頁。

ソポクレス『オイディプス王』、藤沢令夫訳、岩波文庫、一九六七年。（高津春繁訳、《ギリシア劇Ⅱ》、ちくま文庫、

一九八六年、三〇一－三七四頁）
――『コロノスのオイディプス』、高津春繁訳、岩波文庫、一九七三年。
――『トラキスの女たち』、大竹敏雄訳、《ギリシア劇 II》、ちくま文庫、一九八六年、八〇－一四六頁。
――『アンティゴネー』、中務哲郎訳、岩波文庫、二〇一四年。（呉茂一訳、《ギリシア劇 II》、ちくま文庫、一九八六年、一四七－二一八頁）
ディオゲネス・ラエルティオス『ギリシア哲学者列伝』上・中・下、加来彰俊訳、岩波文庫、一九八四－九四年。
テオグニス他『エレゲイア詩集』、西村賀子訳、京都大学学術出版会、二〇一五年。
デカルト『方法序説』、山田弘明訳、ちくま学芸文庫、二〇一〇年。（谷川多佳子訳、岩波文庫、一九九七年）
――『デカルト＝エリザベト往復書簡』、山田弘明訳、講談社学術文庫、二〇〇一年。
――『情念論』、谷川多佳子訳、岩波文庫、二〇〇八年。
トゥキュディデス『歴史』1・2、藤縄謙三訳、京都大学学術出版会、二〇〇〇－〇三年。（『戦史』上・中・下、久保正彰訳、岩波文庫、一九六六－六七年。『歴史』上・下、小西晴雄訳、ちくま学芸文庫、二〇一三年）
ドッズ、E・R『ギリシァ人と非理性』、岩田靖夫・水野一訳、みすず書房、一九七二年。
トムソン、ジョージ『ギリシャ古代社会研究――先史時代のエーゲ海』上・下、池田薫訳、一九五四－五五年。
ヌスバウム、M・C「幸福な生の傷つきやすさ――生きることとその悲惨さ」、高橋久一郎訳、『現代思想』二七（九）、一九九九年、一九〇－二一一頁。（※Nussbaum, *The Fragility of Goodness*, Chap. 11 の抄訳）
ネーゲル、トマス「道徳における運の問題」、『コウモリであるとはどのようなことか』、永井均訳、勁草書房、一九八九年、四〇－六三頁。
ヒューム、デイヴィッド『人間本性論』第一巻、木曾好能訳、法政大学出版局、一九九五年。
ピンダロス『祝勝歌集／断片選』、内田次信訳、京都大学学術出版会、二〇〇一年。
ファインバーグ、ジョエル「法と道徳における問題含みの責任」、望月由紀訳、『倫理学と法学の架橋――ファインバーグ論文選』、嶋津格・飯田亘之編集・監訳、東信堂、二〇一八年、四七五－四八七頁。

フィッツジェラルド、スコット『グレート・ギャッツビー』、野崎孝訳、新潮文庫、二〇一〇年。（村上春樹訳、中央公論新社、二〇〇六年）

プラトン『ゴルギアス』、加来彰俊訳、岩波文庫、一九六七年。

――『メネクセノス』、津村寛二訳、《プラトン全集一〇》、岩波書店、一九七五年、一六三―二〇〇頁。

――『国家』上・下、藤沢令夫訳、岩波文庫、一九七九年。

――『プロタゴラス――ソフィストたち』、藤沢令夫訳、岩波文庫、一九八八年。

――『ソクラテスの弁明』、納富信留訳、光文社古典新訳文庫、二〇一二年。

ヘーゲル『法哲学講義』、長谷川宏訳、作品社、二〇〇〇年。

ヘシオドス『神統記』、廣川洋一訳、岩波文庫、一九八四年。（中務哲郎訳、『ヘシオドス　全作品』京都大学学術出版会、二〇一三年、九一―一五六頁）

――『仕事と日』、松平千秋訳、岩波文庫、一九八六年。（中務哲郎訳、『ヘシオドス　全作品』京都大学学術出版会、二〇一三年、一五七―二〇八頁）

ヘロドトス『歴史』上・中・下、松平千秋訳、岩波文庫、一九七一―七二年。

ホメロス『イリアス』上・下、松平千秋訳、岩波文庫、一九九二年。

――『オデュッセイア』上・下、松平千秋訳、岩波文庫、一九九四年。

マキャヴェリ〔マキァヴェッリ〕『君主論』、池田廉訳、中公文庫、二〇〇二年。

――『ディスコルシ――「ローマ史」論』、永井三明訳、ちくま学芸文庫、二〇一一年。

マルクス・アウレリウス『自省録』、神谷美恵子訳、岩波文庫、二〇〇七年。（鈴木照雄訳、講談社学術文庫、二〇〇六年）

ロールズ、ジョン『正義論　改訂版』、川本隆史・福間聡・神島裕子訳、紀伊國屋書店、二〇一〇年。

ロング、A・A『ヘレニズム哲学――ストア派、エピクロス派、懐疑派』、金山弥平訳、京都大学学術出版会、二〇〇三年。

【欧語文献：邦訳なし】

Athanassoulis, Nafsika, *Morality, Moral Luck and Responsibility: Fortune's Web*, Palgrave Macmillan, 2005.

Cicero, "Academica" in *De natura deorum; Academica*, H. Rackham (trans.), W. Heinemann, 1933, pp. 399-659.

Edmonds, J. M., *Elegy and Iambus*, Vol. 1, William Heinemann, 1931.

Jensen, Henning, "Morality and Luck" in *Philosophy, 59*, 1984, pp. 323-330.

Latus, Andrew, "Moral and Epistemic Luck" in *Journal of Philosophical Research, 25*, 2000, pp. 149-172.

Lerner, M. J., *The Belief in a Just World: A Fundamental Delusion*, Springer, 1980.

Moore, M. S., *Placing Blame: A Theory of the Criminal Law*, Clarendon Press, 1997.

Nagel, Thomas, "Moral Luck" in his *Mortal Questions*, Cambridge University Press, 1979, pp. 24-38.

Nussbaum, M. C., *The Fragility of Goodness: Luck and Ethics in Greek Tragedy and Philosophy*, Cambridge University Press, 1986.

Pritchard, Duncan & Whittington, L. J. (eds.), *The Philosophy of Luck*, Wiley-Blackwell, 2015.

Rescher, Nicholas, "Moral Luck" in *Moral Luck*, Daniel Statman (ed.), State University of New York Press, 1993, pp. 141-166.

Richards, Norvin, "Luck and Desert" in *Mind, 65*, 1993, pp. 198-209.

Williams, Bernard, "Moral Luck" in his *Moral Luck*, Cambridge University Press, 1981, pp. 20-39. (First published in *Proceedings of the Aristotelian Society, Suppl., 50*, 1976, pp. 115-135.)

——, "The Legacy of Greek Philosophy" in his *The Sense of the Past: Essays in the History of Philosophy*, Princeton University Press, 2006, pp. 3-48. (First published in *The Legacy of Greek Philosophy*, M.I. Finley (ed.), Oxford University Press, 1981.)

——, *Shame and Necessity*, University of California Press, 1993.

——, "Moral Luck: A Postscript" in his *Making Sense of Humanity*, Cambridge University Press, 1995, pp. 241-247. (First published in *Moral Luck*, Daniel Statman (ed.), State University of New York Press, 1993.)
Zimmerman, M.J., "Luck and Moral Responsibility" in *Ethics, 97* (2), 1987, pp. 374-386.

【日本語文献】


池田喬「順応と逸脱、あるいは道徳性の自然な捉え方——ハイデガー『存在と時間』におけるダス・マン論の再読解と新展開」、『現代思想』二〇一八年二月臨時増刊号、青土社、一一一－一二五頁。

井上彰『正義・平等・責任——平等主義的正義論の新たなる展開』、岩波書店、二〇一七年。

——「運の平等論をめぐる攻防——VS社会関係に基づく平等論の地平」、『社会と倫理』三二、南山大学社会倫理研究所、二〇一七年、三一－四三頁。

長田蔵人「アダム・スミスにおける道徳的運の問題と良心」、『倫理学年報』五七、二〇〇八年、一四一－一五五頁。

川島重成『『イーリアス』ギリシア英雄叙事詩の世界』、岩波書店、一九九一年。

——『アポロンの光と闇のもとに——ギリシア悲劇『オイディプス王』解釈』、三陸書房、二〇〇四年。

神崎繁「ゼノンと初期ストア派」、『哲学の歴史2——帝国と賢者』、内山勝利編、中央公論新社、二〇〇七年、一〇八－一七四頁。

九鬼周造『偶然性の問題』、岩波文庫、二〇一二年。

國方栄二「エピクテトス」、『哲学の歴史2——帝国と賢者』、内山勝利編、中央公論新社、二〇〇七年、四一二－四三七頁。

近藤智彦「ヘレニズム哲学」、『西洋哲学史Ⅱ——「知」の変貌・「信」の階梯』、神崎繁・熊野純彦・鈴木泉編、講談社、二〇一一年、三三－九五頁。

——「ストア派は内面的な幸福を説いたか?」、『哲学の探求』四二、哲学若手研究者フォーラム、二〇一五年、二一－二三頁。

――「運と幸福――古代と現代の交錯」、『社会と倫理』三二、南山大学社会倫理研究所、二〇一七年、一五―二九頁。

佐藤康邦『教養のヘーゲル『法の哲学』――国家を哲学するとは何か』、三元社、二〇一六年。

島内明文「ヒュームとスミスの共感論」、『実践哲学研究』二五、二〇〇二年、一―二六頁。

――「アダム・スミスにおける道徳感情の不規則性」、『イギリス哲学研究』三一、二〇〇八年、三五―五二頁。

瀬口昌久「キケロとギリシア学芸の受容」、『哲学の歴史2――帝国と賢者』、内山勝利編、中央公論新社、二〇〇七年、三五六―三八二頁。

高田純『カント実践哲学とイギリス道徳哲学――カント・ヒューム・スミス』、梓出版社、二〇一二年。

田中正司『増補改訂版　アダム・スミスの倫理学――『哲学論文集』・『道徳感情論』・『国富論』』、御茶の水書房、二〇一七年。

柘植尚則『増補版　良心の興亡――近代イギリス道徳哲学研究』、山川出版社、二〇一六年。

土屋睦廣「セネカ」、『哲学の歴史2――帝国と賢者』、内山勝利編、中央公論新社、二〇〇七年、三八三―四一〇頁。

堂目卓生『アダム・スミス――『道徳感情論』と『国富論』の世界』、中公新書、二〇〇八年。

新島龍美「伝アリストテレス作『大道徳学』の真偽問題」、『比較社会文化』一九、九州大学大学院比較社会文化学府、二〇一三年、一九―三七頁。

納富信留『哲学の誕生――ソクラテスとは何者か』、ちくま学芸文庫、二〇一七年。

――「始まりを問う哲学史――複眼的ギリシア哲学史への試み」、『哲學』六八、二〇一七年、四五―六二頁。

廣川洋一『古代感情論――プラトンからストア派まで』、岩波書店、二〇〇〇年。

広瀬巌『平等主義の哲学――ロールズから健康の分配まで』、齊藤拓訳、勁草書房、二〇一六年。

古田徹也『それは私がしたことなのか――行為の哲学入門』、新曜社、二〇一三年。

――「現代の英米圏の倫理学における運の問題」、『社会と倫理』三二、南山大学社会倫理研究所、二〇一七年、三一―一四頁。

三浦要「エレア学派と多元論者たち」、『哲学の歴史1——哲学誕生』、内山勝利編、中央公論新社、二〇〇八年、一三五-二三八頁。

村山綾・三浦麻子「被害者非難と加害者の非人間化——2種類の公正世界信念との関連」、『心理学研究』八六、二〇一五年、一-九頁。

和田利博「エピクロスにおけるアトムの逸れと行為の自発性」、『西洋古典学研究』五三、二〇〇五年、一一四-一二四頁。

あとがき

何を書くかではなく、何を書かないかに頭を悩ませる仕事だった。

西洋の歴史に限っても、本書のテーマに深く関連した事柄を考えた者は多い。だが、できるだけ多くの方に手に取って読み通してもらいたいという思いから、最終的に、何人かの哲学者に関する記述を削ることにした。全体の流れとの関連性が薄いために、仕方なくお蔵入りさせた章もある。なぜあの哲学者が扱われていないのか、なぜあの問題が触れられていないのか、と不満な向きもあるだろうが、どうかご寛恕いただきたい。むしろ、本書をきっかけに、運と道徳の関係をめぐって今回とは異なる切り口の著作が出てくることを願ってやまない。

ともあれ、そういう次第で、本書で扱った内容はテーマの広がりに比べれば限定的なものだ。それでも、普段は主に現代哲学の領域を相手にしている自分にとっては、古代ギリシアまで延びる本書の内容は守備範囲を優に超えている。そのため、各時代・地域を専門とする研究者である近藤智彦さん、高橋幸平さん、中野裕考さん、宮村悠介さん、矢島荘平さん（五十音順）に、草稿の一部をチェックしていただいた。貴重な時間を割いてくださった皆さんには、あらためて厚く御礼申し上げる。

彼らからの重要な指摘によって、本書はいくつもの致命的な誤りを回避することができた。ただし、正当な指摘があったにもかかわらず、様々な狙いから敢えて意固地に修正しなかった部分もある。その点も含めて、本書に含まれるであろう誤りに関する責任の一切は、もちろん私自身にある。

次に、本書ができる過程にも触れておきたい。

本書の企画は、まだ自分が新潟大学にいた頃に、筑摩書房の橋本陽介さんから連絡を頂いたことを機に生まれた。

橋本さんとの仕事は愉しかった。打ち合わせだけでも四、五回は行っただろうか。私の研究室で長時間相談し、その後向ヶ丘遊園や登戸の居酒屋でも話を続けた。橋本さんからは、そのたびごとに多くを教えられた。研究者とは異なる観点から、常に的を射た大事なアドバイスを頂けたのは、本当に幸運なことだったと思う。最後まで丁寧に本書を育ててくださったことに、幾重にも感謝を申し上げたい。

それから、本書の基になったのは、以下の一連の講義を行う際に作成したノートである。開講時期の早い順に、新潟大学教育学部「倫理学」、専修大学文学部「倫理の哲学」、東京大学文学部「西洋倫理思想史概説Ⅰ・Ⅱ」。この場を借りて、これらの講義に参加した学生の皆さんにも謝意を表したい。講義のなかで寄せられた質問や意見には気づかされるものが多くあり、本書を仕上げていく重要な手掛かりになった。

また、本書執筆の最終段階では、校正担当者の方の丁寧な仕事にも大変助けられた。こちらも記して感謝申し上げたい。

＊＊＊

最後に二点、自分自身のために。

本書の執筆は、別の出版社に依頼された単著の仕事と、全く同時期に平行して行われた。それは、ウィトゲンシュタインの『論理哲学論考』の入門書を書くという、本書とは異なる種類の困難を抱えた仕事だった。両方の企画が立ち上がったとき、まだろくに話せなかった赤ん坊は、いまや、「なんで？」を連発し、変な顔や踊りを見せて笑わせてくる、三歳の元気な女の子になった。

目まぐるしい育児と研究と教育と校務の日々のなかで（とりわけ、育児は群を抜いて大変だ）、どちらの本を書き上げることができたのは、なんといっても、連れ合いの夏恵さんの理解と協力があってのことだ。心から、ありがとう。

もうひとつ、個人的に銘記しておきたいことがある。昨年の三月末に、恩師の佐藤康邦先生を囲む研究会の場で、本書の草稿の一部を検討していただく機会を得た。先生ご自身からも色々とアドバイスを頂き、会がお開きとなった後は、神田の居酒屋とバーをはしごした。この頃は先生はお元気だったが、二カ月後に急に体調を崩され、そのまま七月末に逝去された。だから、結果的に、自分が先生にお会いしたのはその研究会が最後になった。完成稿をお渡ししたかったが、もう叶わない。代わりに、本書を亡き師に捧げたい。

平成三十一年　上春

古田　徹也

索引

＊事項索引に関しては、事項に関連するページが多い場合には重要なページのみ表している。
また、特に事項の説明がなされているページは太字で表している。

人名索引（五十音順）

あ　行

アイスキュロス（前525-456）　39,44,53
アウグスティヌス（354-430）　229
アベラルドゥス（1079-1142）　229
アリストテレス（前384-前322）　65,88-91,第4章,269,275,282-283
アーレント，ハンナ（1906-1975）　104,108,208-209,342
アンティオコス（前125-68）　200-201
ウィトゲンシュタイン，ルートウィヒ（1889-1951）　332-333
ウィリアムズ，バーナード（1929-2003）　81,167,285-286,第10章,343
ウルフ，スーザン（1952-）　309
エピクテトス（55頃-135頃）　167,176,178-179,191,194,212,264
エピクロス（前341頃-270頃）　97,185,187,219
エリザベト（1618-1680）　215-220

か　行

カント（1724-1804）　264-271,276-279,282-283,305
キケロ（前106-前43）　93,170-171,183-184,189,195-198,200-204
九鬼周造（1888-1941）　145-146,335
クリュシッポス（前280頃-214頃）　166,168,177,181,189,193
クレアンテス（前330頃-230頃）　166,191

さ　行

サンデル，マイケル（1953-）　291-292
スピノザ（1632-1677）　173
スミス，アダム（1723-1790）　第7章,290,298,315,318,332
セネカ（前4頃-後65）　167-

169, 175, 180-183, 186, 190, 193, 195, 220
ゼノン（前334頃-262頃） 166
ソクラテス（前470頃-399） 93, 98-125, 135, 160, 207-208, 340-342
ソポクレス（前496頃-406） 66-85, 137, 147, 324
ソロン（前639頃-559頃） 76, 136-137

た　行

タレス（前624頃-546頃） 64-65, 89, 143-145
ディオゲネス（前400/390-328/323） 160-166, 175, 180, 192, 268
ディオゲネス・ラエルティオス（180頃-240頃） 64
テオグニス（前六世紀頃） 53-61, 63, 69, 77, 96, 100-101, 189, 227, 276, 290, 330
テオプラストス（前371-287） 203-204, 249, 283
デカルト（1596-1650） 173, 第6章, 236, 264, 318-319
デモクリトス（前五世紀頃） 89-97, 110, 144, 149, 163, 172, 178, 186, 188-189, 219, 263, 297
トゥキュディデス（前460頃-400頃） 340-343, 347

な　行

ヌスバウム, M.C.（1947-） 139-141, 145, 147, 167, 282-283
ネーゲル, トマス（1937-） 285-290, 293-294, 304, 320-321, 329

は　行

ヒューム（1711-1776） 173, 237
ピンダロス（前520頃-440頃） 40, 53, 54, 63-66
ファインバーグ, ジョエル（1926-2004） 284-285, 288
フィッツジェラルド, スコット（1896-1940） 336-338
プラトン（前427-前347） 95, 98-126, 135, 148-149, 160, 198, 200-201, 207-208, 275, 277, 340, 342
プルタルコス（46頃-120頃） 193
ヘーゲル（1770-1831） 270-275, 283
ヘシオドス（前八世紀頃） 43-44, 95, 109
ヘロドトス（前五世紀頃） 76
ホメロス（前八世紀頃） 36-39, 42-43, 48-51, 63, 79, 108-109, 136, 324

ま　行

マキャヴェリ（1469-1527） 217
マルクス・アウレリウス（121-180） 167, 181, 191, 235

事項索引（五十音順）

さ　行

た　行

な　行

は　行

ま　行

ら　行

ちくま新書
1409

不《ふ》道徳的《どうとくてき》倫理《りんり》学講義《がくこうぎ》
——人生《じんせい》にとって運《うん》とは何《なに》か

二〇一九年五月一〇日　第一刷発行

著　者　古田徹也（ふるた・てつや）
発行者　喜入冬子
発行所　株式会社 筑摩書房
東京都台東区蔵前二－五－三　郵便番号一一一－八七五五
電話番号〇三－五六八七－二六〇一（代表）
装幀者　間村俊一
印刷・製本　株式会社 精興社

ISBN978-4-480-07213-9 C0212